KLAUS-PETER JÖRNS

Glaubwürdig von Gott reden

Gründe für eine theologische Kritik der Bibel

RADIUS

ISBN 978-3-87173-339-0
Umschlag: André Baumeister unter Verwendung der Skulptur
»Wunsch und Wirklichkeit« von Wolf Spemann
(Foto: Dieter Wendland)
Gesamtherstellung: Offizin Scheufele, Stuttgart
Printed in Germany

Für
Gisela und Carsten Colpe
Almuth und Christof Gestrich
Helge und Volker Schäfer
Rosmarie und Peter Welten

Vorwort

Als *Jörn Braun* und *Wolfgang Erk* mich fragten, ob ich nicht auch im Radius-Verlag Texte von mir veröffentlichen möchte, habe ich gerne und dankbar zugesagt. Die Einladung ehrt mich, weil mich in meiner bisherigen Arbeit als Pfarrer und Hochschullehrer viele Bücher aus dem Radius-Verlag begleitet und mir manchmal so etwas wie theologische Poesie erschlossen haben.

Die Kapitel des Buches behandeln «versäumte Lektionen» der Theologie und zeigen exemplarisch, wie wichtig es ist, die historische Kritik der Bibel durch eine theologische Kritik zu ergänzen. Zwar hat das christlich-jüdische Gespräch diese Notwendigkeit längst im Blick auf antijüdische Tendenzen im Neuen Testament erwiesen. Und die feministische Theologie hat Kritik daran geübt, wo und wie Frauen in der Bibel paternalistischem Denken untergeordnet worden sind. Aber noch immer sind Kirchen und Theologie weit davon entfernt anzuerkennen, dass wir Heutigen die Gestalt von Glauben und Theologie selbst verantworten müssen – genau so, wie es die wechselnden biblischen und kirchlichen Theologien auch getan haben.

Das erste Kapitel setzt bei einer neuen Hermeneutik an, die von der Wahrnehmungstheorie ausgeht. Von ihr her wird es möglich, die religiöse Vielfalt als etwas Positives zu bewerten und zum Glauben daran zurückzukehren, dass es nur *eine* Wirklichkeit gibt, zu der auch wir Christen nur einen fragmentarischen Zugang haben. Das zweite Kapitel macht das Gelingen der Aufgabe, heute glaubwürdig von Gott zu reden, davon abhängig, dass Theologie sich einerseits wieder an der Verkündigung Jesu orientiert, andererseits aber ernst nimmt, dass Gott sich in seiner Menschwerdung und in der Religionsgeschichte uneindeutig gemacht hat. Dieser Ansatz zwingt dazu, »Offenbarung« religionsgeschichtlich zu öffnen, aber auch, Lehren aus der

Geschichte zu ziehen, insbesondere da, wo auch das Christentum entgegen der Botschaft Jesu eine große Nähe zur Gewalt praktiziert und theologische Deutungen seines Todes in die Liturgie eingebracht hat, die Gott wieder mit einer angeblich »heiligen Gewalt« verbinden. Das dritte Kapitel behandelt Erfahrungen, die mit Leiden und Schmerzen verbunden sind und nach Glaubensantworten fragen. Es stellt Spuren aus dem religiösen Gedächtnis der Menschen zusammen, die den Schmerz teils als Ausdruck und teils als Gefährdung der Menschenwürde sehen lehren, nimmt aber auch Schmerzerfahrungen von Tieren ernst. Im vierten Kapitel geht es dann darum, wo und wie biblische Überlieferungen unsere Wahrnehmung der Tiere als beseelte Mitgeschöpfe beschädigt haben. Es beginnt mit kulturgeschichtlichen Zugängen zum Verhältnis von Menschen und Tieren, analysiert von da aus biblische Überlieferungen und ihre Hintergründe kritisch und schließt mit ethischen Folgerungen. Das Buch mündet also in eins der traurigsten Kapitel, die zum jüdisch-christlichen Erbe unserer Bibel gehören.

Angefügt sind zwei ausführliche Interviews. In ihnen kommen viele Fragen zur Sprache, die mir immer wieder begegnen, wenn ich nach Vorträgen mit den Zuhörerinnen und Zuhörern diskutiere. Viele von ihnen haben mir wichtige Anregungen vermittelt. Das Buch steht in einem engen Verhältnis zu solchen Vorträgen, obwohl keins der Kapitel mit einem von ihnen identisch ist. Weil er den Buch- und einen Kapiteltitel geprägt hat, soll der Vortrag »Heute glaubwürdig von Gott reden« besonders genannt werden, den ich am 30. April 2008 in der Ev.-Luth. Kirchengemeinde Hamburg-Volksdorf gehalten habe. Das Kapitel zur Wahrnehmung der Tiere geht auf meinen Beitrag für den Studientag der »Aktion Kirche und Tiere e. V.« am 27. September 2008 in Wittenberg zurück, deren Arbeit ich unterstütze.

Wie bei jedem Buch danke ich auch diesmal meiner Frau, Wiltrud Kernstock-Jörns, und unserer Tochter, Ayescha Jörns-Manlik, für konstruktive Kritik am Manuskript und für die Hilfe bei den Vorbereitungen für den Druck.

Das Buch habe ich Freundespaaren in Berlin und Kassel gewidmet. Dass wir über so viele Jahre miteinander verbunden sind, liegt sicher auch daran, dass wir frühzeitig begonnen hatten, vorbehaltlos über Gott und die Welt zu reden und unsere sich wandelnden Einsichten teils schätzen, teils ertragen zu lernen.

In diese Widmung und den damit verbundenen Dank einbezogen sollen aber auch die vielen guten Gespräche sein, die wir mit den vor und nach der Berliner Zeit gewonnenen Freunden *Astrid und Georg Althammer, Edith und Hans Hafner, Tina und Gerhart Herold, Beate und Volker Hörner, Doris und Alfred Monreal, Marcela Ullmann und Martin Urban* sowie *Uschi und Wolfgang Ullmann* haben führen können. Manche andere Gesprächspartner und Freunde habe ich dankbar in meinem parallel erscheinenden Buch »Mehr Leben, bitte! Zwölf Schritte zur Freiheit im Glauben« genannt.

Am Schluss danke ich dem Bildhauer *Wolf Spemann* und seiner Familie in Wiesbaden für ein weit ausgreifendes Gespräch, die Begegnung mit seinem Werk und die lebendige Korrespondenz. Glücklich bin ich, dass er dem Verlag die Genehmigung erteilt hat, seine Skulptur »Wunsch und Wirklichkeit« in diesem Buch abbilden zu lassen. Wie tief mich diese Skulptur getroffen hat, habe ich am Ende des ersten Kapitels versucht zu sagen. Ich hoffe, dass Spemanns Arbeit viele Leserinnen und Leser ermutigt, mit der Erkenntnis Frieden zu schließen, dass auch christliche Gotteswahrnehmungen Stückwerk sind und auf Ergänzungen warten, die von anderen kommen.

Berg am Starnberger See, im März 2009

Von der historischen
zur theologischen Kritik der Bibel
›Versäumte Lektionen‹
fordern Theologie und Glauben heraus

Hinführung

Der inzwischen verstorbene Peter Glotz und der bis 2006 in Wien Publizistik lehrende Wolfgang R. Langenbucher haben 1965 den »Entwurf eines Lesebuchs« veröffentlicht. Sie gaben ihm den Titel »Versäumte Lektionen«[1], denn das Lesebuch enthielt Texte, die in den Deutschbüchern der Nachkriegszeit nicht vorkamen und nach Meinung der Autoren unbedingt vorkommen sollten, damit die Schülerinnen und Schüler in der Welt nach dem Zweiten Weltkrieg und der Shoah eine neue Kultur mitgestalten könnten. Das Buch hat damals unter Germanisten und Schulpolitikern für Aufregung gesorgt, denn es war nicht nur als *Entwurf* gemeint, sondern auch als *Vorwurf*, dass im Deutschunterricht Wichtiges versäumt wurde.

Ich habe mir den Begriff der ›Versäumten Lektionen‹ von Glotz und Langenbucher ausgeliehen, weil ich davon ausgehe, dass wir uns in der Theologie heute in einer ähnlichen Situation befinden wie der Deutschunterricht in den 60er Jahren. Denn es gibt Probleme, die die Theologie von ihrem Selbstverständnis her entweder gar nicht oder doch nicht angemessen behandelt. Insgesamt gehören diese Probleme in Zusammenhänge, die durch zwei Faktoren charakterisiert werden.

Einmal dadurch, dass die historisch-kritische Erforschung der biblischen und nachbiblischen Überlieferungen immer weiter ausdifferenziert worden ist. Denn die Theo-

---

[1] Gütersloh 1965.

logie arbeitet dabei inzwischen nicht nur mit der religions-geschichtlichen, sondern auch mit der Altertums- und kulturgeschichtlichen Forschung viel intensiver als früher zusammen. So können wir trotz vieler, immer noch offener Einzelfragen sagen, dass wir viel, ja, sehr viel von der Geschichte unserer textlichen Überlieferungen und auch davon wissen, wie die jüdischen und christlichen Schriften mit denjenigen zusammenhängen, die vor und neben, aber auch nach ihnen entstanden sind. Und wir wissen viel davon, wie sich die sozialgeschichtlich fassbaren Verhältnisse in den unterschiedlichen Schriften der »heiligen Schrift« spiegeln. Die wichtigste Einsicht, die durch die genannten Entwicklungen für mich gewachsen ist, ist die, dass weder der Islam noch Judentum und Christentum durch und durch neue Religionen sind. Sie sind vielmehr Modi-fikationen von vorher dagewesenen Religionen, die auf-grund neuer Gotteserfahrungen und der dadurch ausge-lösten theologischen Arbeit inmitten sich wandelnder sozialer und kultureller Strukturen entstanden sind.

Das können wir ablesen an der Geschichte, die eine Reihe zentraler Glaubensvorstellungen hinter sich haben, die wir in der Bibel finden. Zu ihnen gehören als Erb-schaften aus dem *Alten Ägypten*: Grundelemente des *Monotheismus*, aber auch *Erwählungsvorstellungen*, ein *triadisches* Ensemble von Götterpersonen, zu denen ein *göttliches Kind* gehört, die Rolle eines menschlichen *Got-tessohnes* als Mittler zwischen Gott und Menschen, der Glaube an eine *universale Gerechtigkeit* und an eine Art *Jüngstes Gericht* sowie an eine *Auferstehung von den Toten*. Aus *Mesopotamien* sind die vorbiblischen Groß-erzählungen der Urgeschichte bekannt, in denen es nicht nur um *Schöpfung* und *Sintflut* geht, sondern auch schon – wie im Gilgamesch-Epos – um Schmerz und Klage über die Leiden, die das *Wissen um die Sterblichkeit* uns Men-schen bereitet, aber auch um Frevel, zu denen der Wille verführt, einen *ewig bleibenden* Ruhm zu erlangen. Hinzu kommen die Einflüsse, die das Christentum aus dem therapeutischen *Asklepioskult* aufgenommen hat und die ihm den *Soter*, das Urbild des Heilandes, beschert haben, der Heil und seelisch-körperliche Heilung schenkt. Und schließlich haben die Christen die jüdische Christus- bzw. Messias-Vorstellung mit der Gestalt des hellenistischen *Kyrios*, des »Herrn«, verschmolzen. Noch heute gebrauchen wir neben der Verbindung von Jesus und Christus auch die hellenistische Verbindung von »Herr« und Jesus. Und wenn gar jemand von »unserem Herrn und Heiland Jesus Christus, dem Sohne Gottes« spricht, dann drückt diese Zusammenstellung von Hoheitstiteln Jesu die synkretistische Verbindung ägyptischer sowie jüdisch-, griechisch- und römisch-hellenistischer Vorstellungen aus. Will man in diesen Zusammenhängen davon reden, dass solches Zusammenwachsen das Ergebnis geistgewirkter *Offenbarung* ist, so muss man das Offenbarungsverständnis modifizieren und von einer *geschichtlich-prozessualen* oder *stufenweise sich vollziehenden Offenbarung* reden. Denn entscheidend ist dabei ja, dass sich Offenbarung, so verstanden, nicht mehr auf den Bereich *einer* Religion beschränkt, sondern sich *durch die verschiedenen Religionen hindurch* ereignet. Es hat dann auch keinen Sinn mehr, »Offenbarung« nur im Blick auf ganz bestimmte, regional vorkommende Modifikationsstufen von Glaubens- und Gottesvorstellungen zu verwenden.

Von der Theologie kann deshalb verlangt werden, dass sie unabhängig von den Wahrnehmungsgestalten Gottes, die bei den einzelnen, sich wandelnden und/oder einander ablösenden Religionen entstanden sind, zu sagen vermag, was dieser Wandel und jene Vielfalt von Offenbarungen mit dem *einen* Gott zu tun haben. Denn dass Gott diese Vielfalt *nicht* gewollt haben sollte, ist eine unglaubwürdige These. Ich kann auch sagen: Es wird die Aufgabe der Theologie sein, dem Glauben erkennen und denken zu helfen, wie die Vielfalt der Religionen und Spiritualitäten zu verstehen ist, ja, welchen Sinn Religion eigentlich für das Leben hat.

Damit berühre ich schon das *andere Charakteristikum* jener Zusammenhänge, in die die von mir gemeinten Probleme gehören. Es besagt: Christliche Dogmatik hat es bisher nicht vermocht, die außerbiblische Religionsgeschichte konstruktiv mit der eigenen Gottesvorstellung zu verbinden. Konkret: Es gibt keine Glaubensaussagen im Glaubensbekenntnis oder in Dogmen, die Gott mit den anderen Religionen vor, neben und nach dem Christentum in einem *positiven* Sinn zusammenbrächten und die die unterschiedlichen Gottesvorstellungen zu integrieren vermögen. Positiv heißt: Dass davon ausgegangen wird, dass sie wirklich mit dem *einen* Gott zu tun haben. Es bleibt der fatale Eindruck: Gott, wie wir ihn glauben, hat es zuerst mit Juden und natürlich mit Christen, vorher, nebenher und nachher aber mit keiner anderen Religion wirklich ernst gemeint. Alle Angehörigen anderer Religionen hat er eher beiläufig behandelt. Sein – gar liebevolles – Interesse hat ihnen nicht gegolten. Denn er hat sich – nach jüdischem und christlichem Glauben – durch Bundesschlüsse erst mit den Juden und dann mit den Christen verbunden. Die anderen kommen mit Gottes *Segen* nicht unmittelbar, sondern nur mittelbar in Berührung, nämlich über Wirkungen eines segensreichen Handelns jüdischer oder christlicher Menschen. Obwohl die religionshistorische Forschung vieles dazu sagen kann, wo und zu welchem Zweck Ausschließlichkeitsaussagen in den Religionen entstanden sind, hat sich christliche Dogmatik oft genug an solche Aussagen gebunden, wenn und weil sie in der Bibel benutzt worden sind und der eigenen Religion einen Sonderstatus zu verleihen scheinen. Der narzisstische Gewinn, die Stärkung der eigenen Bedeutung durch den

Glauben, als Volk bzw. Religion mit dem Schöpfer der Welt in einem exklusiven Bund zu sein, hat sich an diesem Sonderstatus festgemacht – wo immer wir den Glauben, erwählt zu sein, in der Religionsgeschichte antreffen. Und damit ist der Ethnozentrismus gefördert worden, der Gott direkt mit dem »Wir« verbindet. Was ich aus christlicher Perspektive und vor der eigenen Haustür anspreche, lässt sich allerdings auch bei anderen Religionen als Problem erkennen.

Auf einen Punkt gebracht, haben die ›versäumten Lektionen‹ damit zu tun, dass der Glaube an den *einen* Gott, der dann logischerweise auch der wahre ist, theologisch nicht in Übereinstimmung gebracht worden ist mit den Grunddaten der Religions- und Kulturgeschichte. Und dies, obwohl Judentum und Christentum beanspruchen, universal relevante Religionen zu sein. Außerdem sind ihre Gottes- und Weltvorstellungen auch nur sehr spät und punktuell *kritisch* mit Erkenntnissen der Naturwissenschaften verbunden worden. Darauf werde ich beim zweiten Problem zu sprechen kommen.

Diese ›versäumten Lektionen‹ dürfen nun aber nicht länger ausgeklammert bleiben, weil alle diejenigen, die im weiteren Sinne des Wortes als Glaubenslehrerinnen und -lehrer tätig sind, unter dem Versäumten zu leiden haben. Denn entweder reden sie, durch das offizielle Bekenntnis gebunden, unklar, weil sie Kompromisse schließen zwischen dem, was sie glauben sollen, und dem, was sie wirklich glauben. Oder aber sie riskieren es, auch öffentlich eine »unbiblische« Theologie zu vertreten, die sich aufgrund des Studiums der Theologie und der aus der Religionsgeschichte gewonnenen Erkenntnisse in ihnen entwickelt hat und die sie auch intellektuell verantworten können. Doch dann laufen sie Gefahr, als gegen Bibel und Bekenntnis stehend angegriffen zu werden. Besonders übel kommen Angriffe daher, die in der Öffnung von biblisch vorgegebenen Perspektiven und Horizonten antijüdische Ressentiments am Werk sehen und gezielt auf die damit verbundene Wirkung solcher Argumente nach der Shoa setzen.

Doch trotz solcher Attacken, die letztlich theologische Kritik verbieten wollen und die historische Kritik der Bibel *ad absurdum* führen, müssen wir um der Glaubwürdigkeit unseres Glaubens willen auf die gestellten Fragen und Probleme antworten, indem wir die versäumten Lektionen der Theologie nachholen. Auf dem Spiel steht die Authentizität der heutigen Glaubenszeugen. Auf dem Spiel steht aber auch die Glaubwürdigkeit der Rede davon, dass Gott als Geist gegenwärtig wirkt. Denn dieser Glaube schließt ja ein, dass sich Gott darin als geistes-gegenwärtig erweist, dass er in dem kulturellen Wandel auf der Erde in uns und mit uns ist. Und daraus erwächst für mich die Folgerung, dass Gott auch als dieser Gegenwärtige in einer Sprache und in Vorstellungen bezeugt werden will, die der kulturellen Realität heute entsprechen.

Ich nenne im Folgenden zwei ›versäumte‹ Probleme und biete dazu meine Lösungsvorschläge an. Das erste Problem stelle ich ausführlich dar, das zweite eher kurz. Danach versuche ich, Folgerungen zu formulieren, die einer Bewusstseinsänderung den Weg bereiten wollen.

1.
Die erste versäumte Lektion betrifft die Tatsache,
dass es in der christlichen Theologie
noch keine positive Bewertung
der religiösen Pluralität auf der Erde gibt

Die religiöse Vielfalt wird noch immer eher zähneknirschend zur Kenntnis genommen und in der Entfaltung der christlichen Lehre – von Ausnahmen abgesehen – weitgehend ausgeblendet. Dem Beispiel, das ich wähle, um die Lage zu beschreiben, schicke ich eine Bemerkung voraus: Ich nehme ernst, dass katholische und evangelische Christen wirklich *Christen* sind und gemeinsame Traditionen haben. Deshalb habe ich keine Scheu, die im Dezember 2006 erlassene Richtlinie des Kölner Erzbischofs, Joachim Kardinal Meisner, hier anzusprechen. Nach ihr dürfen in katholisch geführten Schulen (und Kindergärten) des Erzbistums christliche und muslimische Kinder nicht mehr gemeinsam in einem Raum beten. Diese Richtlinie macht beispielhaft klar, worum es bei dem ungelösten Problem geht. Der Kardinal nämlich argumentiert mit einer theologischen Denkfigur, die von ihm leider gar nicht weit hergeholt werden musste, weil sie in unseren biblischen Traditionen begründet liegt:

»Das Gottesbild der nichtchristlichen Religionen ist nicht identisch mit dem Gott, der Vater unseres Herrn Jesus Christus ist. Daher sind gemeinsame Gottesdienste nicht möglich. Jede Gemeinschaft kann daher nur allein zu ihrem Gott beten. Geschieht das gemeinschaftlich, muss die jeweils andere Gruppe schweigend dabeistehen.« Das aber sei Kindern nicht zuzumuten, und zwar, weil sie im eigenen Glauben noch nicht gefestigt seien und ihnen deshalb »die Gefahr einer Verwirrung« drohe[2].

Das klingt sehr menschenfreundlich und pragmatisch. Doch bei genauem Hinsehen zeigt sich, dass es sich um einen christlich-theologisch höchst problematischen Erlass handelt. Denn in ihm wird ja erst ein mögliches gemeinsames *Gebet* der Kinder verdächtigt, Verwirrung zu stiften, und nicht schon die Pluralität der Religionen selbst. Dabei ist sie das eigentliche theologische Problem und prägt die

---

[2] Pressestelle des Erzbistums Köln vom 6.12.2006. Am Ende des Erlasses wird beteuert, das Erzbistum Köln stehe fest zu den Entscheidungen des Zweiten Vatikanischen Konzils, mit den nichtchristlichen Religionen einen ehrlichen Dialog zu führen.

auch für Kinder unübersehbare Realität – die künftig noch sehr viel deutlicher herauskommen wird, weil der Kardinal die sonst in Klassenzimmern zusammensitzenden Kinder zum Beten voneinander trennt. In einer für Theologen überraschenden Schlichtheit und Direktheit wird die Theologie bzw. genauer: Gotteslehre ausgesprochen, die dahintersteht: Weil christliches und nichtchristliche *Gottesbilder* nicht identisch seien, gelte: »Jede Gemeinschaft kann nur allein zu ihrem Gott beten« – und zwar, wie die Richtlinie weiter sagt, »an getrennten Orten«. Der pädagogisch wirksame Grundsatz heißt: Glaubenserziehung geschieht richtig, wenn Profilierung durch Abgrenzung geschieht. Aber warum soll das richtig sein? Diese Frage führt zum Kern des theologischen Problems: Die *Gottesbilder*, von denen anfangs geredet worden ist, werden mit theologischen bzw. theo-*ontologischen* Realitäten gleichgesetzt: Jede Gemeinschaft hat »ihren Gott«, und jede kann – räumlich und aktual gemeint – »nur allein zu ihrem Gott beten«. Doch daraus folgt logisch, auch ohne große Theo-logie: Da sind der Götter viele, zumindest mehrere. Und der Zufall der Geburt entscheidet darüber, mit welchem ein Kind es zu tun hat und wo es den Gottesdienstraum verlassen muss, weil da zu dem Gott der anderen gebetet wird. Und das heißt: Die Vielzahl der *Gottesbilder*, und letztlich also die plurale Religionsstruktur auf der Erde, setzt die Einheit und (logische) Einzigkeit Gottes de facto außer Kraft.

Das kann nur geschehen, weil die Theologie kein Instrumentarium besitzt, das die differenten Gottesbilder und Religionen mit der Einheit Gottheit verbinden könnte. Dieses Instrumentarium muss – das wird auch an diesem Beispiel klar – mehr sein als eine hermeneutische Regel, weil es den Rahmen der biblischen Texte überschreiten und die heiligen Schriften anderer Religionen, im Grunde aber auch schriftlose Religionen, mit einschließen muss. Ich sehe diese fehlende Klammer in folgender *versäumter*

Lektion, die ich in meinem Buch »Notwendige Abschiede« im Rückgriff auf wahrnehmungstheoretische Schriften ausführlicher dargestellt habe[3]. Sie lautet:

Alle Religionen bezeugen authentisch von ihnen erfahrene Wahrnehmungsgestalten des einen *Gottes. Keine einzelne heilige Schrift kann die Fülle der Gotteswahrnehmungen fassen.*

Ich gehe davon aus, dass es Gott gefallen hat, sich in den unterschiedlichen Kulturen der Erde von den Menschen auf teils verwandte und teils sehr unterschiedliche Weisen wahrnehmen zu lassen. Denn Wahrnehmungsgestalten Gottes, wie wir sie in den Religionen einschließlich der vielen Namen kennen, sind Ergebnisse von Wahrnehmungsvorgängen, die durch Begegnungen mit Gott in unmittelbarer (zum Beispiel Erscheinungen) oder mittelbarer Form (zum Beispiel das Zeugnis glaubiger Menschen in Wort und Schrift) ausgelöst worden sind. In ihnen verschmelzen die neuen Eindrücke mit bereits im Gedächtnis gespeicherten Bildern und Vorstellungen von Gott. Nur diese Verschmelzung macht es möglich, im Gespräch mit anderen Menschen an bekannte Glaubensvorstellungen anzuknüpfen und so die Bedeutung der gemachten Gotteserfahrung auszudrücken. Bei jeder Erinnerung der gemachten Wahrnehmung werden die Wahrnehmungsgestalten Gottes an die jeweils neue soziale und kulturelle Umgebung angepasst, also überarbeitet und im Gedächtnis überschrieben. Wichtig ist dabei: In den Wahrnehmungen Gottes, die Menschen gewonnen haben, sind diese Menschen einschließlich ihrer kulturellen und religiösen Vorprägungen mit enthalten. Das aber heißt: Wo Gott wahrgenommen wird und diese Wahrnehmungen sprachlich oder bildne-

---

[3] Notwendige Abschiede, S. 120-129.

risch ausgedrückt werden, geht es niemals um Reproduktionen Gottes, sondern immer um einen *produktiven* Akt. Alle Wahrnehmungsgestalten Gottes sind also letztlich Originale und keine Kopien, obwohl sie den einen und einzigen Gott bezeugen.

Wir ›haben‹ »Gott« also immer nur in der Vielzahl derjenigen »Wahrnehmungsgestalten« Gottes, die sich in den jeweiligen Begegnungs- und Wahrnehmungsgeschehen von Menschen gebildet haben und die später theologisch reflektiert worden sind. Von dem, was Tiere und Pflanzen von Gott wahrnehmen, wissen wir leider nichts – was nicht heißt, dass Gott mit ihnen nicht kommunizierte. Aus den in Menschen entstandenen Wahrnehmungsgestalten hat sich eine universale Wahrnehmungsgeschichte Gottes gebildet, in der auch unterschiedliche Gottesbilder Platz finden konnten. An ihnen orientieren sich die differenten Glaubensvorstellungen und -strukturen. Die realen Religionen der Erde und ihre Geschichte spiegeln sich in den differenten Gedächtnisspuren und Kanons, die nebeneinander – wenn auch in vielem miteinander verbunden – entstanden sind. So erklärt sich das Nebeneinander der christlichen Kirchentümer und Konfessionen, aber auch das Nebeneinander islamischer Glaubensrichtungen. Kein einzelner Kanon kann die ganze Wahrnehmungsgeschichte Gottes fassen, vielmehr bezeugen alle zusammen die Weite und Schönheit Gottes. Positivbegriffe wie »Fülle« bei uns müssen dabei in antilogisch-komplementärer Verbindung zu buddhistischen Vorstellungen von »Leere« gesehen werden.

Jesus (Christus) ist eine Wahrnehmungsgestalt Gottes, in der sich viele Gottessohn- und Gottesvorstellungen gebündelt haben. Sie hat eine außergewöhnliche Anziehungskraft auf Menschen entfaltet. Jesu Bedeutung für den Glauben baut entsprechend nicht auf einer durch die Bibel abgesicherten legalistischen Autorität auf, sondern auf *charismatischer* Autorität, die von der Jesusgestalt ausgeht. In ihr ist auch Wahrheit nichts Abstraktes, Lehrhaftes, Ansprüchliches, sondern eine sich als Weg und Ziel erweisende Wahrheit, die im Leben und Sterben als tragende Kraft wahr *wird (vgl. Johannes 14,6a).*

Diese bislang versäumte Lektion wäre eigentlich schon lange von zwei biblischen Grundgegebenheiten her zu lernen gewesen – hätte die kirchliche Dogmatik sie nicht verdeckt. Die eine ist die Tatsache, dass *die christliche Bibel eine interreligiöse heilige Schrift* ist. Denn der hebräische Teil ist rein jüdisch. Und der christliche Teil, der sich in vielem auf den jüdischen bezieht, wird, gerade was die Gottesvorstellung und die Rolle Jesu Christi darin angeht, von den Juden bis heute nicht akzeptiert. Das ist, wenn man es wahrnehmungstheoretisch betrachtet, auch nicht verwunderlich. Denn der christliche Glaube hat es mit einer neuen und originalen Wahrnehmungsgestalt Gottes zu tun, die im Wesentlichen durch die Begegnung mit der Jesusüberlieferung und mit dem Auferstandenen selbst zustande gekommen ist. Missionarisch und in den Schriften des Neuen Testament bezeugt worden ist diese neue Wahrnehmungsgestalt Gottes aber natürlicherweise in traditionellen Denkfiguren *jüdischer* und *hellenistischer* Theologie. Ich nenne nur den jüdischen »Vater«-Namen für Gott und die hellenistische Vorstellung eines Kyrios, »Herrn«. Trotzdem verbinden die Christen die beiden Teile durch den Glauben, dass der Gott der Juden der Vater Jesu Christi ist. Ja, an einigen Stellen wird deutlich der Glaube ausgesprochen, dass nur das Gottesverständnis Jesu einen angemessenen Weg zum jüdischen Vatergott eröffnet habe *(Johannes 14,6b).*

Mit etwas theologischer Phantasie kann man erkennen, dass Muhamad im Koran eine wahrnehmungstheoretisch entsprechende neue Wahrnehmungsgestalt zentraler biblischer Überlieferungen in neuer kultureller Umgebung vermittelt hat. In ihnen ist seine authentische Gotteserfahrung mit den *jüdisch-christlichen* Überlieferungen und der *arabischen* Kultur verschmolzen worden. Gesteht man den drei Religionen ihre eigenen Wahrnehmungsgestalten Gottes in der je eigenen kulturellen Grundierung zu, kann man auch die »Entscheidung« Gottes, sich auf diese Weise *uneindeutig* wahrnehmen zu lassen, akzeptieren. Für alle Religionen aber haben die mit dem Wahrnehmungsgeschehen verbundenen Probleme nicht aufgehört, als die Kanons abgeschlossen waren. In allen sind neben die kanonisierten Wahrnehmungsgestalten Gottes und des Lebens im Laufe ihrer (Auslegungs-)Geschichte neue getreten, in denen sich der Geist Gottes als lebendig erweist – und auch darin respektiert werden will.

Die andere biblische Grundgegebenheit, von der wir die beschriebene versäumte Lektion schon lange hätten lernen können, ist das *kanonische Nebeneinander der vier Evangelien*. Doch auch das ist bisher in seiner theologischen Brisanz eher verschwiegen als unterstrichen worden. Insbesondere die Unterschiede, die wir zwischen den synoptischen Evangelien einerseits und dem Johannesevangelium andererseits feststellen können, geben Auskunft von einer damals noch erhaltenen Einsicht. Sie besagte, dass es *das* Jesusbild und eine einzig richtige Bestimmung des Verhältnisses von Jesus und Gott *nicht* gibt, ja, nicht geben *kann*. Denn auch die Jesusbilder der Evangelien sind Wahrnehmungsoriginale, also perspektivisch Wahrgenommenes, das den »wirklichen« Jesus, der im Hintergrund bleibt, nicht reproduziert. Und der Kanon hat das einzig Richtige damit getan: Statt sie zu vereinheitlichen und dabei abzuschleifen, hat er sie nebeneinander stehen lassen und darauf gesetzt, dass sie sich gegenseitig auslegen. Wer Jesus – gewesen – ist, kann deshalb nur als »Schnittmenge«, also in der Reduktion auf bestimmte Konturen oder Linien, von uns gesagt werden, zumal die ganze Kirchengeschichte hindurch aus der Begegnung mit Jesus immer neue Variationen von Wahrnehmungsgestalten Jesu entwickelt worden sind. Wobei wir nicht vergessen dürfen, dass zu den Wahrnehmungsgestalten Jesu auch diejenige gehört, die wir im Koran haben.

Der Kanon hat es mit dem Nebeneinander der Evangelien aber auch ermöglicht, dass man sich von der Spiritualität *eines* Evangeliums besonders angezogen fühlen kann, ohne die anderen deshalb abzuwerten. Und genau darum geht es: Weil auch jeder Leser und jede Leserin der Evangelien heute einen neuen, eigenen Wahrnehmungsprozess durchläuft, bilden sich in ihnen auch wieder eigene Wahrnehmungsoriginale Jesu. In ihnen wird man die genannten Konturen wiederfinden, aber auch neue, eigene erkennen können, die den kulturellen Standards der Gegenwart entsprechen.

In der Verbindung von Religion und Kultur finde ich ausgedrückt, dass Religion dem Leben dient. Und ich vertraue darauf, dass das Nebeneinander der Religionen in den sich vermischenden Kulturen prinzipiell dasselbe in Gang setzen wird, was das Nebeneinander der Evangelien im Neuen Testament ausgelöst hat: den Prozess einer gegenseitigen Auslegung, die allen Beteiligten zu einer intensivierten Gotteswahrnehmung und besseren Verständigung untereinander hilft. Dafür ist es keinesfalls vonnöten, dass die Gottesbilder der Beteiligten identisch sind. Wollte man das fordern, müsste man jüdische Texte der Bibel aus christlichen Gottesdiensten verbannen – und auch die Teilnehmerinnen und Teilnehmer an christlichen Gottesdiensten vorher fein säuberlich nach genehmen oder nicht genehmen Gottesbildern (aus)sortieren.

Lernen wir die versäumten wahrnehmungstheoretischen Lektionen und freunden wir uns mit der einen und universalen Wahrnehmungsgeschichte Gottes an, entsteht für die Theologie ein *ungewohnter Arbeitsauftrag*. Denn dann müssen wir auch außerbiblische Texte auslegen lernen und grundsätzlich davon ausgehen, dass auch sie aus Begegnungen mit dem *einen* und wahren Gott stammen – obwohl die Göttinnen und Götter in den fremden Texten mit Namen angeredet werden, die bislang als »heidnisch« galten. Wir müssen also die kategoriale Trennung zwischen Religionsgeschichte und Theologie aufheben. Dabei hilft uns das Handwerkszeug der *historischen Kritik* nur insofern, als wir durch sie religionsgeschichtlich Vertrautes von nicht Vertrautem unterscheiden und traditionsgeschichtliche Spurensuche über den biblischen Tellerrand hinaus betreiben können. Im Blick auf die Herausforderung aber, hinter den angeblich heidnischen Texten den einen und wahren Gott zu glauben, hilft uns nur eine entschiedene theologische Position wie die von mir vorgeschlagene, dass alle Religionen zu der einen und universalen Wahrnehmungsgeschichte Gottes gehören.

Diese Position fordert uns allerdings über eine historische Kritik hinaus auch zu *theologischer Kritik* auf. Und zwar zur Kritik an Absolutheitsansprüchen, die wir in der Bibel und in anderen heiligen Schriften, aber auch in kirchlichen Texten und Strukturen, zur Genüge finden. Zu diesen Absolutheitsansprüchen gehören Erwählungs- und Verwerfungsvorstellungen genauso wie jede andere Form ethnozentrischer Verbindungen Gottes mit bestimmten Teilen der Menschheit. Der faktisch von allen Religionen bekräftigte Grundsatz, dass die Geburt über den Zugang zur Wahrheit entscheidet, kann nicht aufrechterhalten werden. Dass Kinder, die zusammen zur Schule gehen, nach unterschiedlichen Riten beten gelernt haben und beten, ist die Zumutung, die mit dem Nebeneinander der Religionen vorgegeben ist. Es ist wichtig, dass Menschen von Kindesbeinen an respektieren lernen, dass Angehörige anderer Religionen andere Riten und Gottesnamen haben. Es stiftet keine Verwirrung, wenn sie diese unterschiedlichen Spiritualitäten und Riten schon früh kennenlernen, sondern es bereitet auf eine plurale religiöse Welt vor, wie Gott sie ganz offenbar nicht verhindert hat. Wir haben doch inzwischen auch gelernt, dass beide, »weiße« und dunkelhäutige Menschen, wirklich *Menschen* sind. Warum sollen wir nicht lernen, dass alle Religionen wirklich mit Gott zu tun haben – und dass auch *unsere* Wahrnehmungsgestalt Gottes eben nur eine Wahrnehmungsgestalt neben anderen ist?

Es wird uns manchmal schwer fallen, die damit verbundenen Relativierungen zu ertragen. Nicht zuletzt deswegen, weil sie einen Verlust an »narzisstischer Zufuhr« bedeuten, wie Psychotherapeuten das nennen. Aber solange die Einheit Gottes theologisch nicht wirklich ernst genommen wird, kann der Glaube nicht glaubwürdig reden und schon gar nicht den Beitrag zum Frieden leisten, den die Kirchen angesichts ihrer jahrhundertelangen Verwicklung in die Geschichte der Kriege leisten *müssen*. Erst wenn die Einheit und Einzigkeit Gottes ernst genommen wird, werden wir in der Lage sein, ethnozentrische Strukturen nicht nur bei den anderen, sondern auch in unseren eigenen Überlieferungen kritisch wahrzunehmen. Und erst wenn das gelingt, können wir die in der Vergangenheit von den Religionen ausgegangene physische und psychische Gewalt auch in den eigenen Glaubensüberlieferungen grundgelegt finden. Und dann können wir daran gehen, auch unsere liturgisch verwendeten Texte einer theologischen Kritik zu unterziehen und Gegenmodelle zu entwickeln.

In meinem Buch »Lebensgaben Gottes feiern. Abschied von der Sühnopfertheologie: eine neue Liturgie« habe ich diesen Schritt vollzogen. Dabei habe ich die Gedächtnisspur aufgenommen, die eine leider nicht in das Neue Testament aufgenommene Schrift, die Didaché oder »Zwölf-Apostel-Lehre«, liturgisch hinterlassen hat. Denn in ihr wurde das Abendmahl – jüdischem Vorbild folgend – als Feier der Lebensgaben Gottes gestaltet. Und dabei blieben

Wein und Brot ohne Bezug zu Leib und Blut des gewaltsam getöteten Jesus. Sündenvergebung wurde in der Didaché als Akt der Gemeinde vollzogen, und zwar *vor* dem Abendmahl. Sie sollte Gottes Vergebung – wie im Unser Vater – weitergeben und war nicht an irgendein stellvertretend erbrachtes Leiden oder Opfer gebunden worden. Aber genau diese Eigenheit ist es gewesen, die die Didaché aus dem Kanon ausgeschlossen hat.

2.

Die zweite versäumte Lektion sehe ich darin,
dass Gott und Menschenwelt im Laufe der christlichen
Theologiegeschichte so weit voneinander entfernt
worden sind, dass sie nicht mehr zu einer Wirklichkeit zu
gehören scheinen

Zur Beschreibung der Lage reicht es aus zu sagen: Ähnlich der Trennung der Bereiche Heil und Heilung und ihrer Zuordnung zu Glauben bzw. Theologie und Medizin haben sich auch Theologie und Naturwissenschaften so weit voneinander entfernt, dass beide ohne Rücksicht aufeinander ihre Aussagen machen. Das ist einerseits ein Gewinn, insofern Kirchen und Theologie die naturwissenschaftliche Forschung und mögliche Veränderungen des Weltbildes nicht mehr behindern können. Und umgekehrt kann die Theologie ihr Welt- und Lebensverständnis unabhängig davon gestalten, wie Physiker und Philosophen sich die Welt denken. So weit, so gut. Andererseits leben gläubige Menschen in modernen Gesellschaften in einer Wirklichkeit, die sowohl von ihrem Gottesglauben als auch von Erkenntnissen bestimmt wird, die Naturwissenschaften wie Physik, Medizin und Biologie – und neuerdings immer mehr Neurobiologie – hervorbringen und ins Bildungsgut einspeisen. Im Moment sieht es manchmal so aus, als wenn sich eine neue Konfrontation ergeben könnte zwischen der Hirnforschung einerseits und dem theologischen Menschenbild andererseits[4].

Dazu kann es allerdings nur dort kommen, wo Einsichten, die schon der griechische Mythos mit seinem Schicksalsglauben hatte, und das Wissen um unsere begrenzten Möglichkeiten, das theoretisch erkannte Gute auch zu tun, ausgeblendet werden. Denn beide besagen doch, dass es so weit mit der menschlichen Freiheit nicht her ist, wie wir es eigentlich – und das heißt von unserem Selbstbild her – gerne hätten. Achten wir dagegen auf die Botschaft, die zu der Einsicht in die eng begrenzte Entscheidungsfreiheit von Menschen (und anderen Lebewesen) hinzugehört, dann reduziert sich das Problem zwischen Hirnforschung und Theologie im Grunde auf die Frage, ob sich eine der beiden Seiten oder gar beide zu Aussagen versteigen, die eine Verständigung unmöglich machen. Eine solche Aussage wäre etwa, der Mensch sei total durch seine Gene und Umgebung festgelegt und habe keinerlei Entscheidungsfreiheit; eine andere könnte das Gegenteil behaupten und dafür Gott als Garanten nennen wollen, und so weiter. Doch mir scheint, es sei wichtiger, das Problem in einer anderen Variation aufzunehmen und zu lösen. Ich meine die Frage, ob Glaubensaussagen wie diejenige von der Auferstehung ein physikalisch-biologisches Pendant brauchen oder nicht, um glaubwürdig zu sein. Ich formuliere dazu folgende Aussage, die ich als nachgeholte und auch von mir selbst bisher ›versäumte Lektion‹ verstehe: *Alle Glaubensaussagen, die, wie die Rede von der Auferstehung der Toten, Leben, Sterblichkeit und Tod von Geschöpfen betreffen, müssen auch naturwissenschaftlich denkbar sein.*

Denkbar heißt nicht, dass sie lückenlos erklärbar sein müssten. Denn zum einen können die Naturwissenschaf-

---

[4] Von den besonderen Problemen, die die Theologie durch den sogenannten Kreationismus bekommen hat, will ich hier nicht reden.

ten kein einziges Phänomen des Lebens lückenlos erklären, zumindest nicht im Zusammenhang der Frage, warum das Leben als Gesamtsystem so ist, wie es ist. Andererseits aber verlangt der Glaube an Gott den Schöpfer, dass Theologie keine Aussagen macht, die naturwissenschaftliche Erkenntnisse berühren und zugleich negieren. Schöpfung und Natur sind physikalisch und biologisch identisch. Das berühmte Dennoch des Glaubens hat hier nichts zu suchen. Die glaubende Existenz vollzieht sich weder im Leben noch im Sterben in einem Sonderbereich von Wirklichkeit. Die Tatsache, dass der Glaube seit je eine Bildersprache verwendet, ändert daran nichts. Deshalb müssen wir lernen, unsere Glaubensaussagen so zu formulieren, dass sie auch naturwissenschaftlich denkbar sind. Die wissenschaftliche Theologie hat die Aufgabe, im Gespräch mit den Naturwissenschaften entsprechende Denkmodelle zu entwickeln, die für beide kommunikabel sind. Wo in kirchlichen Überlieferungen naturwissenschaftlich überholte Vorstellungen konserviert werden, müssen sie offiziell verabschiedet werden.

Hilfreich kann dabei sein, was die Mystik in unterschiedlichen Religionen zum Verständnis der *einen* Wirklichkeit beigetragen hat, in der Gott und Menschen sich begegnen. Ermutigend im Blick auf ein solches Vorhaben finde ich ferner, dass es Strukturverwandtschaften in theologischen und quantenphysikalischen Denkfiguren gibt. Ich meine damit das Phänomen der *Komplementarität*. Es besagt in der Physik, dass die Teile eines Ganzen einander nicht nach den Gesetzen der Logik gleichen müssen, sondern logisch einander auch gegenseitig ausschließen können. Theologisch spielt in der Christologie eine verwandte Denkfigur spätestens seit dem Konzil von Chalcedon im Jahr 451 eine zentrale Rolle. Denn da ist formuliert worden, dass göttliche und menschliche Natur, die sich logisch gegenseitig ausschließen, in Jesus Christus zugleich unvermischt *und* untrennbar verbunden seien. Dass das so gesagt werden kann, hat mit der Rolle zu tun, die Geist als Lebensenergie auch in der modernen Physik hat.

Der Physiker und Philosoph Carl Friedrich von Weizsäcker hat einmal den schönen Satz formuliert: »Das Eigentliche des Wirklichen, das uns begegnet, ist *Geist*«. Weizsäcker meinte damit, dass Geist diejenige Kraft ist, die alles, was zur Wirklichkeit hinzugehört, zusammenhält und bewegt. Geist ist dabei die Beziehungskraft oder -energie des Lebens, oder, mit Goethe gesprochen, das, »was die Welt im Innersten zusammenhält«. Weizsäckers Formulierung lässt sich theologisch wohl zusammendenken mit dem ungewöhnlichen Satz des Johannesevangeliums »Gott ist Geist« *(4,24)*. Und *der* hat nicht nur formal, sondern auch vom Lebensbezug her seine Entsprechung in dem anderen Satz aus den johanneischen Schriften »Gott ist Liebe« *(1. Johannesbrief 4,16)*. Geist und Liebe aber sind, von falschen Besitzansprüchen befreit, Seinsweisen Gottes, mit denen wir in der *einen* Wirklichkeit zu tun haben. Es ist gut, dass davon auch Religionen wissen, die nicht zu den Schriftreligionen gehören, wie die indianischen. Aber Gott muss sich ja auch nicht für jede Abweichung vor den Standards der Schriftreligionen rechtfertigen – wie wir.

3.
Von Wunschbildern zur Wirklichkeit: der befreiende Weg zum Fragmentarischen unserer Existenz

Wenn ich auf die beiden ersten Kapitel zurückschaue, so sind die neuen Herausforderungen an Glauben und Theologie dadurch begründet, dass wir es in allem, was Menschen von Gott wahrgenommen haben und wahrnehmen, vernünftigerweise mit dem/der Einen zu tun haben, der/die Glaubensvorstellungen einzelner Religionen übersteigt. Zugleich aber ist und bleibt dieser/diese Eine in der Vielfalt der Wahrnehmungsgestalten *uneindeutig*. Diese Komplementarität – also die Verbindung von logisch nicht Verbindbarem – aus der Einheit und Einzigkeit Gottes einerseits und seiner Uneindeutigkeit andererseits ist für mich der klare Hinweis darauf, dass keine Religion Gott wirklich *fassen* kann. Alle Versuche der Vergangenheit, Gott eindeutig dogmatisch oder sonstwie festzulegen, werden durch die mit der Wahrnehmung verbundenen Prozesse in uns als vergeblich erwiesen. Im Grunde hat schon das Johannesevangelium davon erzählt, insofern Kapitel 1 feststellt, dass nur einige wenige (die dort als »wir« reden) Jesus als den Mensch gewordenen Gott erkannt haben, »die Welt« aber nicht. Die anderen Evangelien sehen es ähnlich, auch wenn sie andere Begriffe verwenden. Und darum war es außerordentlich weise, dass die Väter des neutestamentlichen Kanons die unterschiedlichen Evangelien nebeneinander haben stehen lassen. Aber auch, dass sie die jüdische Bibel (»Tenach«) und das christliche Neue Testament nun in einer heiligen Schrift zusammengestellt haben – trotz aller gravierenden Unterschiede.

Was für die Wahrnehmung und das Erkennen Jesu gilt, gilt generell für das Wahrnehmen und Erkennen Gottes auch. Weder der Wunsch der Christen noch der Wunsch der Muslime, »die Welt« durch Mission – und teils auch durch Gewalt – in die eigene Gotteswahrnehmung einzubeziehen, haben sich realisieren lassen. Die Wirklichkeit sieht anders aus, heute deutlicher als je zuvor. Wir können einfach besser erkennen, wie sehr Religionsunterschiede und Kulturunterschiede miteinander zu tun haben. Und wir haben auch erkannt, dass wir in allem, was das Leben betrifft, niemals die Position eines externen Beobachters einnehmen können, sondern immer in das verwickelt bleiben, was wir erkennen möchten. Denn unser Denken ist wegen der Wahrnehmungsprozesse nicht freizubekommen von den Prägungen, die wir durch unsere Biographie und Umgebung in uns tragen – in Gestalt von Bildern und Denkfiguren, die sich in uns eingebildet und uns leider zum Teil auch eingebildet *gemacht* haben.

Weil das so ist, können wir auch alle auf das Erkennen des Ganzen ausgerichteten Versuche, das Leben, Gott und uns selbst zu verstehen, nur noch als Sehnsucht ernst nehmen. Von ihr wissen wir aber, dass sie mit uns, wie wir sind, nicht zum Ziel kommen wird. *Henning Luther*[5] hat diese Einsicht in Anlehnung an *Theodor W. Adorno*s Satz »Das Ganze ist das Unwahre«[6] auf das Streben nach dem Identisch-sein-Wollen mit sich selbst, auf die Suche nach der wahren Identität des Ich, bezogen. Aus seinen Überlegungen hat er die Einsicht formuliert, dass »das Ideal der vollständigen und dauerhaften Ich-Identität unzulänglich und nur der Gedanke einer fragmentarischen Ich-Identität angemessen« sei. Luthers Begründungen *(170)* dafür sind einleuchtend:

In jedem Stadium der Ich-Entwicklung seien wir trotz allen Wachstums immer auch »Ruinen unserer Vergangenheit«. Denn wir nehmen in unserer Entwicklung immer wieder Abschied von bisherigen, zum Teil lieb gewordenen Stadien, und müssen *Trauer*prozesse durchleiden. Im Blick auf den Verlust des »Kinderglaubens« kann ich diese These bestätigt finden.

In jedem Stadium der Ich-Entwicklung seien wir aber auch »Ruinen der Zukunft, Baustellen, von denen wir nicht wissen, ob und wie an ihnen weitergebaut wird; wir wissen immer nur, dass der Bau noch nicht vollendet ist«. Und wir wissen nicht, wie unser Bau von anderen beurteilt werden wird, wenn wir nichts mehr daran ändern können,

---

[5] In dem wegweisenden Beitrag »Identität und Fragment« in seinem Buch »Religion und Alltag«, Stuttgart 1992, S. 160-182. Seitenangaben im Text in Klammern beziehen sich auf dieses Buch.

[6] Th. W. Adorno, Minima moralia, Frankfurt/M. 1951/1970, S. 57.

möchte ich ergänzen. Also *hoffen* wir in jedem Stadium auf das nächste. Henning Luther sprach deshalb von »Selbsttranszendenz«.

In jedem Stadium der Ich-Entwicklung werden wir »durch andere in Frage gestellt« und in unserer Ich-Identität »herausgefordert«. «Das Beharren auf einer sich gleichbleibenden Identität« werde dabei durch die »Erfahrung der Differenz« zu den Anderen »erschüttert«. Um nicht zu erstarren, brauchen wir die Begegnung mit und das Ertragenwerden von Anderen – also *Liebe*.

Die Beschreibung dessen, was in der Entwicklung der Ich-Identität geschieht und wo dabei die Gefahren lauern, lässt sich nun aber auch auf die Entwicklung des Selbstverständnisses einer Religion übertragen, die den Anspruch erhebt, Weltreligion nicht nur, sondern die wahre Religion zu sein. Es würde sich wohl lohnen, die drei Stadien der Ich-Entwicklung detailliert mit dem zu verbinden, was wir aus der Entstehungs- und Kirchengeschichte des Christentums einerseits und andererseits aus den Vorstellungen von der Zukunft »wissen«, die sich sowohl auf Verheißungen und Anknüpfungen an jenes Paradies der Vorzeit gründen als auch auf spekulative Entwürfe, in die gute und schlechte Erfahrungen eingezeichnet worden sind. Wobei herauskäme, wie wenig zur Zeit von der Eschatologie, von solcher »Lehre von den letzten Dingen«, geredet wird. Denn wir kommen kaum noch hinaus über die Ängste, die sich mit dem Vorletzten, nämlich mit dem drohenden Ende einer bewohnbaren Erde, verbinden. Insofern haben wir als Christentum tatsächlich begonnen, ein Bewusstsein für das Dasein als »Ruine der Vergangenheit« zu entwickeln.

Aber wir erkennen auch mehr und mehr, dass Christentums-Existenz in vielem eine »Ruine der Zukunft« ist, die nicht mehr gemäß den alten Plänen und Vorstellungen von Größe, Einzigartigkeit und Einheit fertiggebaut werden wird. Grund für diese Bewusstseinveränderungen sind meiner Einsicht nach nicht nur durch Ermüdung und Alterungsprozesse bedingte Zerfallserscheinungen, sondern jene von Henning Luther angesprochenen »Erfahrungen der Differenz« aus der Begegnung mit anderen Religionen – und mit der Religionslosigkeit. Für meine Entwicklung ist diese Erfahrung jedenfalls in vielem zu einer *heilsamen Erschütterung* des alten christlichen Selbstbildes geworden. Dabei ist mir klargeworden, dass die alten »Baupläne« einer christlichen Welt die Erde nicht wirklich wahrgenommen haben, wie sie schöpfungsbedingt ist. Das jetzt deutlich erkennbare Dasein als – doppelte – Ruine war also schon im Entwurf des Ganzen angelegt.

Als ich die Skulptur »Wunsch und Wirklichkeit« von *Wolf Spemann* kennengelernt habe, habe ich in ihr jene gerade mithilfe der Thesen von Henning Luther beschriebene Grunderkenntnis dargestellt gefunden, von der glaubwürdiges Reden von Gott heute ausgehen muss. Das Rad, das die geglaubte Ganzheit darstellt, hat sich im Lauf der Geschichte nicht als ein Ganzes erhalten können. Es ist zerfallen, auch wenn man noch den Bauplan, die Umrisse und Struktur des Rades erkennt. Ich sehe dieses weiße Rad als Wunsch-Selbstbild einer Religion, die den Glanz der *wahren* und *ganzen* Gotteserkenntnis ausstrahlen wollte. Übrig geblieben ist ein *Fragment*. Die Speichen des Rades, die von der Nabe ausgehen, strahlen zwar noch die alte Idee und geglaubte Schönheit und Größe einer solchen Identität aus, die alles, »Stadt und Weltkreis«, *urbs et orbis*, umspannt. Aber davon steht nur noch das Baugerüst, das der Wille und die Sehnsucht nach der alles umfassenden Größe und Ganzheit geschaffen hatten. Ganz sein und heil sein drehte sich ja denn auch lange ausschließlich um das Christsein als Achse. Das Fragment aber, das wir sehen, dreht sich nicht mehr. Ganz könnte es nur sein, wenn es *ergänzt* würde.

Etwas von der von Henning Luther angesprochenen Trauer bricht schon auf beim Betrachten dieser Skulptur – genauso wie beim Nachvollziehen der abschiedlichen Gedanken, die mit meinen eigenen Überlegungen in diesem Beitrag verbunden sind. Die Wirklichkeit auf unverstellte Weise anzuschauen, heißt ja auch, von diesem Fragment als Gegenüber angeschaut zu *werden* als jemand, der zu dieser fragmentarischen Existenz gehört. Nur wenn wir so angeschaut werden, können wir zugeben, dass unser Wissen von Gott und vom Leben wirklich »Stückwerk«, bruchstückhaft, ist *(1. Korintherbrief 13,12)*, trotz aller dogmatischen Selbstbeschwörungen, die letztgültige Offenbarung und den »rechten«, ja, den »allein seligmachenden« Glauben zu haben.

Durch Wolf Spemanns Plastik scheint für mich hindurch, was der johanneische Jesus den Seinen beim Abschied gesagt hat: Dass es gut und richtig sei, dass er sie verlasse und ihr Wissen um die Wahrheit bruchstückhaft bleibe. Aber es werde der »Geist der Wahrheit« kommen, der die Jünger, die jetzt »noch nicht alles ertragen können«, »in die ganze Wahrheit leiten« werde *(16,12f)*. Von wo und wie und wann er kommen und wann das Ziel erreicht sein werde, hat Jesus nicht gesagt. Er hat auch nicht gesagt, dass wir den Geist der Wahrheit finden, wenn wir immer nur wiederholen, was bis dahin schon gesagt und verstanden worden war. Das hat er im Grunde sogar ausgeschlossen. Ich verstehe Jesu Blick in die Zukunft als Aufforderung, die Begegnung mit den Anderen zu suchen und das bislang Unerhörte zu hören. Und damit meine ich, dass unser Glaube auch den Kreis des jüdisch-christlichen Kanons übersteigen muss, um auf Wahrnehmungen Gottes in seiner *ganzen* Schönheit vorbereitet zu sein.

Wolf Spemann: Wunsch und Wirklichkeit, 1995
Marmor und Bronze. 154 x 154 x 7 cm

Glaubwürdig von Gott reden

Nicht das Reden von Gott an sich ist problematisch, sondern dass es dabei *glaubwürdig* zugeht. Die Krise, die wir heute empfinden, hat *nicht* – wie in der Mitte des vergangenen Jahrhunderts – damit zu tun, dass Gott und »sein Wort« durch Menschenmund zur Sprache kommen. Wir empfinden es eher als Problem, dass viele biblische Überlieferungen und die dazugekommenen Auslegungen oft genug auf Fragen geantwortet haben, die sich heute kaum noch und für viele gar nicht mehr stellen.

Das können wir so sagen, weil die historische Erforschung unserer teils jüdischen, teils christlichen Bibel auch so etwas wie eine Archäologie der Fragestellungen hervorgebracht hat, mit denen Menschen während der eintausendjährigen Entstehungsgeschichte der Bibel beschäftigt gewesen sind. Solche Fragen betrafen zum Beispiel die Entstehung der Erde. Längst vor den Juden hatten die Menschen in Mesopotamien auf diese Frage geantwortet. Nachdem Israel ein Volk mit einer eigenen Literatur und einem eigenen Tempelkult geworden war, musste es diese Frage auch beantworten und sagen, wie man die Schöpfungsgeschichte aus jüdischer Sicht sah. Die Antwort finden wir in den beiden Schöpfungserzählungen, die wir im 1. Buch Mose in den Kapiteln 1 und 2 haben. Was da steht, sind Überarbeitungen ursprünglich mesopotamischer Texte, durch die sie an die jüdische Vorstellung von Jahwe als dem Schöpfer von Himmel und Erde und an die jüdische Einteilung der Woche in sechs Arbeitstage und den Sabbat angepasst worden sind. Eine andere Frage, die damals beantwortet werden musste, betraf die Herkunft der Sünde. Wie ist sie in die Welt gekommen? Die Paradieserzählung sagt im 1. Buch Mose, Kapitel 3, die Sünde sei als Missachtung eines göttlichen Verbotes entstanden, und zugleich das Ergebnis einer Verführung durch die Schlange. Sehr viel später hat man aus dieser Geschichte auch herauslesen wollen, der Tod sei wegen jenes Ungehorsams erst nachträglich in Gottes Schöpfung hineingekommen – wovon noch zu reden sein wird. Und schließlich ging es nach dem Wiederaufbau des 586 v. Chr. zerstörten Tempels in Jerusalem um die Frage, wie künftig zu opfern sei: Mit blutigen Tieropfern oder mit pflanzlichen Räucheropfern, wie man sie in der tempellosen Zeit eingeführt hatte. Die Jerusalemer Tempeltheologen passten sich der religiösen Umwelt, in der überall geopfert wurde, an und entschieden sich für die Wiedereinführung der Tieropfer, fürs Blutvergießen. Diese Antwort finden wir bei genauem Hinsehen auch versteckt in der Erzählung von Kain und Abel *(1. Buch Mose 4,1-16)*: Weil das Tieropfer fortan wieder als angemessenes Opfer für Jahwe gelten sollte, wird Abels Opfer in der Erzählung von Jahwe angenommen, Kains Opfer aber abgewiesen. Der Grund dafür war, dass Kain unblutig, nämlich Feldfrüchte, geopfert hat.

Diese und viele andere Fragestellungen und Antworten haben nicht nur die Entstehung der Bibel geprägt, sondern auch die mittlerweile zweitausend Jahre andauernde Auslegungs- und Wirkungsgeschichte der Bibel unter Juden und Christen und dann, ab dem 7. Jahrhundert n. Chr., auch unter Muslimen dominiert. Ich habe ja schon betont, dass der Koran sehr wohl als Auslegung biblischer Überlieferungen in einer veränderten Kultur, wie sie sich in Arabien im 7. Jahrhundert n. Chr. den Menschen präsentiert hatte, gelesen werden kann. Mit der veränderten Kultur gab es neue Fragen und Einsichten, auf die theologisch reagiert werden musste. Dasselbe Phänomen können wir in jeweils eigener Gestalt auch bei jeder großen Kirchenspaltung in der Geschichte des Christentums finden, nicht zuletzt in der Reformation.

Nun müssen wir uns aber klarmachen, dass Abspaltungen wie diejenigen, die durch die Verselbständigungen der orthodoxen Kirche im Osten und der reformatorischen Kirchen im Westen Europas zustande gekommen sind, die großen Ausnahmen darstellen. Dasselbe gilt für die Entstehung des Islam, also einer neuen Religion aus den alten jüdisch-christlichen Wurzeln. Die Regel war eher, dass innerkirchliche Auseinandersetzungen, die mit kulturellen Veränderungen einhergingen, auch innerkirchlich zu Ende gebracht worden sind. Dabei spielten die Bibel und die ihre Auslegung regelnden Dogmen eine stetig wachsende Rolle, insofern sie als normative Kraft wirkten. Da konnte es gar nicht ausbleiben, dass viele Fragen, die im Laufe der nachbiblischen Zeit aufgekommen waren, nicht genügend Beachtung gefunden haben oder ganz von den biblisch belegten Fragestellungen und Antworten zurückgedrängt oder ganz unterdrückt worden sind.

Das galt natürlich besonders für Veränderungen des Gottes-, Welt- und Menschenbildes, die Theologie und Glauben in Konflikt geraten ließen mit biblischen Vorstellungen von Gott, Welt und Menschen. Man braucht nur an die Entdeckungen eines Galileo Galilei zu denken oder an die Gedanken eines Giordano Bruno. Weil die Kirche nicht akzeptieren wollte, dass neue wissenschaftliche Erkenntnisse auch neue Aussagen zur Stellung der Erde im Kosmos erforderten, hat sich eine Kluft aufgetan, die schließlich zur gegenseitigen Entfremdung von Theologie und (Natur-)Wissenschaft führte. Allgemeiner gesagt: Theologie als eine biblisch fundierte Reflexion von *Gottes*erfahrung und eine auf *Welt*erfahrung setzende Wissenschaft, die sich wechselnder Methodiken bedienen konnte, wurden einander fremd und fremder. Da stand also nicht Glaube gegen Erfahrung, wie manchmal gesagt wird, sondern *zwei Arten von Erfahrung* standen einander gegenüber, und zwar in tiefstem Misstrauen. So tief hatte sich dieses Misstrauen eingegraben, dass darüber die *eine* Wirklichkeit in den Augen vieler auseinandergebrochen ist, die in den Kulturen der Antike noch existiert hatte. Dass es zu diesem Auseinanderbrechen kommen konnte, ist umso merkwürdiger, als doch für Juden und Christen Gott *und* seine Schöpfung, bildlich gesagt: Himmel *und* Erde, durch Gott, den Schöpfer, zusammengehörten. Trotzdem gab es fortan – scheinbar – zwei Wirklichkeiten: eine himmlisch-göttliche Wirklichkeit und eine irdisch-menschliche Wirklichkeit. Und selbst die Bischöfe von Rom, die als *pontifeces*, als »Brückenbauer«, doch das Vorbild aller Bischöfe waren und eigentlich dazu berufen gewesen wären, diese Spaltung der Wirklichkeit zu überwinden, haben als oberste Glaubenshüter diesen Graben immer tiefer werden lassen. Manche ihrer Mitbischöfe, und zwar nicht nur aus der katholischen Kirche, sind leider noch heute mit *dieser* Arbeit beschäftigt.

Durch die zerrissene Wirklichkeit ist – übrigens nicht nur im Christentum – auch das Missverhältnis zustande gekommen zwischen jenen Themen, die durch die heiligen Schriften kanonisiert und durch die Predigtpraxis ständig wiederholt worden sind, und jenen anderen Fragestellungen und Antworten, die sich aus den aufkommenden erfahrungsorientierten Wissenschaften, aber auch aus den Künsten, ergeben haben. Die »kanonischen« Themen hatten Vorrang, weil ihre Beantwortung in der Deutungshoheit der Kirchen lag. Die anderen Fragen hatten keine solche Macht auf ihrer Seite. Auch in der protestantischen Kirche hat sich daran nicht sehr viel geändert, obwohl doch sehr bald schon zum Schlagwort geworden war, dass Reformation eine Daueraufgabe sei (*»reformatio sit semper reformanda«*). Aber das ist natürlich auch ein ausgesprochen lästiges Motto.

Genau an diesem Missverhältnis der biblischen und der außerbiblischen Fragestellungen fängt für mich das *Problem der Glaubwürdigkeit* an. Ist Glaube allein schon dann glaubwürdig, wenn er alte und in der Bibel behandelte Fragestellungen und Antworten beständig zitiert und kultiviert und darüber vergisst, was seit dem Abschluss des Kanons an kultureller und wissenschaftlicher Entwicklung gewachsen ist und zum heutigen Selbstverständnis der Menschen (bei uns) einfach hinzugehört – wie Evolution, Frauenrechte und demokratische Meinungsbildungsprozesse und Leitungsstrukturen? Kann ein Glaube glaubwürdig sein, wenn er den kanonischen Fragen und Antworten einen *prinzipiellen* Vorrang einräumt vor denjenigen Fragen und Antworten, die sich den Menschen im Lauf der Geschichte gestellt haben und die vor heiligen Schriften und Grenzen zwischen den Religionen nicht haltmachen? Ich sehe eine solche Abstufung nicht als glaubwürdig an, weil dieses Missverhältnis Machtverhältnisse spiegelt, durch die die einen Fragen privilegiert und die anderen herabgestuft worden sind. Zu den herabgestuften Fragen gehört zum Beispiel diejenige, die wissen will, ob Gott – trotz der Verkündigung Jesu – in Predigt und Sakrament mit tödlicher Gewalt als Heilsmittel verbunden werden darf. Für mich steht fest, dass diese Frage mit Nein beantwortet werden muss. Und für unglaubwürdig halte ich auch die Aussage, alle Fragen unseres Lebens seien in der Bibel beantwortet. Gilt Geschichte so wenig? Ist seit dem Ende des ersten Jahrhunderts nach Christi Geburt nichts mehr passiert, was uns neue Fragen beschert hätte, die unbedingt beantwortet werden müssen?

Für mich haben nicht nur biblische, sondern auch vor- und nachbiblische Erfahrungen Gewicht. Denn die Glaubwürdigkeit des Redens von Gott hängt davon ab, ob der kulturelle Zusammenhang, in dem es geschieht, ernst genommen oder aber ausgeblendet wird. Weil Kulturen sich wandeln und Gott mit uns geht durch Zeit und Zeiten, muss sich auch das Reden von Gott wandeln, um in der jeweiligen Gegenwart glaubwürdig sein zu können. Denn der Glaube an Gott hat eine dienende Aufgabe. Er kann uns helfen, leben und sterben nicht nur zu *müssen*, sondern zu *können*. Deshalb muss vor dem Reden von Gott das Hören und Sehen stehen: das Wahrnehmen dessen, wie und wonach heute gefragt wird. Weit gefasst heißt das: Weil Sprache mit Kultur und Kultur mit Religion zu tun hat, muss sich glaubwürdiges Reden von Gott nicht nur auf biblisch bedeutsame Kulturen, sondern auch und gerade auf die jeweils gegenwärtige Kultur beziehen.

Das ist allerdings gar nicht so einfach. Denn das Reden von Gott stellt die Gegenwart unter einen Bogen, der sich von der Vergangenheit, aus der die heiligen Schriften kommen, bis in die jeweilige Zukunft spannt, in der noch niemand gewesen ist. Gegenwart wandert in der Zeit. Was heute Gegenwart ist, ist morgen schon Vergangenheit. Und was heute Zukunft ist, morgen unsere Gegenwart. Bei dieser Wanderschaft gilt der knappe und schöne Satz von Odo Marquard: »Zukunft braucht Herkunft«. Der Satz geht von einem gedeihlichen Verhältnis der beiden, unsere jeweilige Gegenwart umgebenden, Größen Herkunft und Zukunft aus. Sehe ich es recht, wollte Marquard davor warnen, dass man sich an die Zukunft *verliert* und die Vergangenheit geringachtet. Betrachten wir den Zustand unserer evangelischen Kirche, die vor noch gar nicht langer Zeit in Wittenberg einen »Zukunftskongress« abgehalten hat, und bedenken wir die Ängste, die dahinterstanden und -stehen, so kann ich – wenn auch nicht ganz so knapp und schön wie Marquard – sagen: Wir haben Angst vor der Zukunft, nicht, weil wir zu wenig, sondern weil wir *zu viel* Herkunft haben. »Zu viel Herkunft« heißt dabei: Wir hängen in ihr fest, so dass Zukunft oft kaum mehr als eine wiederholte, nur notdürftig renovierte Herkunft ist. Soll »das Profil geschärft werden«, werden alte Denkstrukturen gesucht und seit biblischen Zeiten geschehene kulturelle Veränderungen leicht für belanglos erklärt. Die Strukturen des Gottesdienstes werden seit Jahrzehnten an die Formulare der frühen westlichen Messopferfeiern angepasst. Je älter, desto christlicher, scheint man zu denken. Und übersieht dabei, dass viele frühkirchliche Gottesdienstformen in vielem noch antiken Kulttraditionen verpflichtet waren, die die Botschaft Jesu eher neutralisiert als unterstützt haben. In das Haus Kirche haben wir – um in einem Bild zu sprechen – Duschen eingebaut, um den Staub der Geschichte schnell loswerden zu können, und ein paar Dachgauben eingezogen, damit sich das Obergeschoss vermieten lässt, das wir nicht mehr brauchen. Ganz gelegentlich sieht man auch schon Solarzellen auf dem Dach. Aber der Baustil ist beim Fachwerkhaus geblieben – denn die Denkräume sind eng, es fehlt an Licht und Bewegungsfreiheit.

Auch gläubige Menschen brauchen Herkunft, natürlich. Aber sie dürfen sich nicht an die Vergangenheit verlieren. Ob unsere Überlieferungen uns heute noch zum Glauben helfen, zeigt sich daran, ob sie uns helfen, unsere heutigen Fragen zu beantworten und als gläubige Menschen angstfrei an der Kommunikation teilnehmen zu können, mit der wir den Alltag und unsere wenigen Festtage gestalten. Denn in der Gestaltung von Alltag und Festtagen geben wir Auskunft darüber, was für uns der Sinn des Lebens ist. Verliert das Reden von Gott den Zusammenhang zu diesen einfachen Lebensaufgaben, zu der zeitbedingt sich wandelnden Gestalt von Kultur, ist es kein Wort des Lebens mehr. Und dann ist Gott nicht mehr als der lebendige Gott zu erkennen. Sondern dann erscheint Gott eher wie der religiös hochdekorierte Wärter eines Museums, in dem seine früheren Erscheinungen unter den Menschen ausgestellt werden. Verlassen darf er dieses Museum aber nicht, weil ihm keine Gegenwart mehr zugetraut wird – von einer Zukunft ganz zu schweigen. Kein Wunder, dass sich viele Menschen für dieses Gott-Museum nicht mehr interessieren.

Darum ist es notwendig, dass wir die Probleme, die wir heute mit unserem Glauben haben, offen ausbreiten und diskutieren. Das zu tun, ist kein Zeichen von Schwäche, sondern von Stärke und von der Zuversicht, dass, wer fragt, auch Antworten finden wird. Diese Zuversicht ist eine zeitnahe Übersetzung des Jesuswortes »Wer sucht, der wird finden, und wer anklopft, dem wird aufgetan werden« *(Matthäus 7,8)*. Wer den gestellten Fragen aber ausweicht und ständig solche beantwortet, die keiner mehr stellt, ist schwach und ängstlich, ist ohne Zukunft und Zuversicht. Er hat nur noch Herkunft.

Fragen, auf die wir antworten müssen

Um einige wichtige Fragen und Antworten einzubringen, formuliere ich im Folgenden fünf Thesen, die sagen, wo ein glaubwürdiges Reden von Gott heute ansetzen muss. In diese Thesen beziehe ich Erkenntnisse aus dem ersten Kapitel des Buches mit ein, um sie an das Kapitelthema anzupassen. Den fünf Thesen schicke ich eine Grundüberzeugung voraus, die ich ausführlich begründen werde. Sie lautet:

Von Gott können Christen heute glaubwürdig nur reden, wenn sie bei der revolutionären Verkündigung und Lebenspraxis Jesu von Nazareth ansetzen.

Revolutionär war und ist an der Verkündigung Jesu zumindest Folgendes:

a) Die Rückkehr der Gottesverkündigung ins Leben. Das heißt, von Gott wird bei Jesus nicht unter Absehen von uns Menschen und unseren Problemen geredet, sondern in sozialen, in Lebens-Kontexten. Darum hat Jesus die Gleichnisse so besonders geliebt, denn ihre »stories« sind aus dem Leben gegriffen, das die Menschen kannten. Wer Gott ist, was es mit dem Reich Gottes auf sich hat, wird aber nicht nur mit dem zeitgenössischen Leben als »Bildmaterial« verdeutlicht. Sondern Jesus sagte den Menschen, wo und wie sie Gott und die Strukturen seines Reiches *in ihrem alltäglichen Leben* finden können.

b) Mit dieser Rückkehr der Gottesverkündigung ins Leben verbunden ist bei Jesus die Abkehr von einer Verquickung Gottes mit der völkischen Politik. Jesus ist das Gegenteil einer nationalmessianischen Gestalt und hat entsprechende, auf ihn gerichtete Erwartungen bitter enttäuscht. Er hat sich damit aber nicht nur von einer wichtigen jüdischen Glaubensvorstellung gelöst, sondern auch von vergleichbaren Vorstellungen anderer antiker Religionen. Denn auch in Ägypten lebten Land und Volk mit den Göttern in einem exklusiven Verhältnis, und in Griechenland war jede Polis mit einer Schutzgöttin oder einem Schutzgott und weiteren Göttinnen und Göttern verbunden. Im römischen Bereich sah es ähnlich aus, zumal dort nach dem Ende der republikanischen Zeit die Kaiser schon zu Lebzeiten im Staatskult göttliche Verehrung erfuhren.

c) Mit der Rückkehr der Gottesverkündigung Jesu ins Leben geht einher, dass Jesus die Frauen, die Kinder und die einfachen Leute ganz anders als vorher wahrgenommen hat. Bei seinem Gang in das Haus von Martha und Maria *(Lukas 10,38-42)* zeigt er, dass Frauen für ihn Gesprächspartner in Glaubensfragen sind; ja, Lukas weiß, dass Frauen mit Jesus, dem Wanderprediger, unterwegs gewesen sind und ihn versorgt haben *(8,1-3)*. Auch eine gelegentlich aufbrechende Geringschätzung der Kinder hat er im Jüngerkreis nicht geduldet. Insofern hat Jesus mit seiner Verkündigung und seinem Verhalten in die Sozialstrukturen eingegriffen, und zwar gerade dort, wo es galt, Pauschalverurteilungen und soziale Vorurteile zu durchbrechen *(vgl. Lukas 15,1ff.; Johannes 8,1-11)*. Manche Gleichnisse (wie etwa *Matthäus 20,1-15*) spiegeln diesen

Eingriff noch heute auf eher ärgerliche Weise. Ich sehe in dieser Art von Verkündigung eine Vorwegnahme der von Dietrich Bonhoeffer im vorigen Jahrhundert geforderten »nicht-religiösen Interpretation religiöser Begriffe«.

d) Jesus hat die Grenzen des religiös Gewohnten auch dadurch gröblich missachtet, dass er den Titel Gottes Sohn nicht für sich allein haben wollte, sondern auf alle über- tragen hat, »die den Willen meines Vaters im Himmel tun«. Dieses Kriterium entscheidet bei ihm über die Teilhabe an der Gotteskindschaft. Wer ihm nachfolgt, wird von ihm »Gottes Sohn« und »Gottes Tochter« genannt. Insbesondere diejenigen, die Frieden stiften, werden in den Seligprei- sungen »Söhne Gottes« genannt und selig gepriesen *(Mat- thäus 5,9)*. Der männliche Plural »Söhne« schließt dabei im Griechischen die Töchter mit ein, weil es bei den Söhnen Gottes um eine Art Gattung geht.

e) Und schließlich sind die Verkündigung und Lebens- praxis Jesu revolutionär, weil sie eine prinzipielle Absage an Gewalt bedeuten. Die Tempelreinigung *(Matthäus 21,12-17)* ist zweifellos mit einem Wutausbruch Jesu ver- bunden gewesen. Seine Wut galt der Geschäftemacherei mit den Opfertieren, die für die täglichen Opferhand- lungen benötigt wurden und eine Art Massentierhaltung im Hintergrund erforderlich machten. In der Tempelreinigung finde ich insofern einen Angriff auf den Opferkult und je- de Form sogenannter »heiliger Gewalt«. Denn Jesus wollte – wie große Propheten Israels vor ihm – »Barmherzigkeit, aber keine Opfer« *(Matthäus 9,13)*. Die Passionsgeschich- te zeigt besonders deutlich, dass er diese Absage an die Gewalt auch durchgehalten hat, als es ihm an den Kragen ging. Die Aufforderung des Teufels, sich Macht durch ein Bündnis mit weltlicher Gewalt zu verschaffen, ist eine der Versuchungen, die er zurückgewiesen hat *(Matthäus 4, 1-11)*. Darum hat auch Gott auf seine brutale Hinrichtung nicht mit Gegengewalt geantwortet – womit auch er ja der Gewalt und dem Tod das letzte Wort gegeben hätte. Sondern Gott antwortet auf Jesu Hinrichtung Ostern mit der Auferstehung – und gibt so dem *Leben* das letzte Wort.

Wegen all dieser Punkte können und dürfen wir nicht hinter Jesu Verkündigung und Lebenspraxis zurückgehen, wenn wir glaubwürdig von Gott reden wollen. Doch nun zu den anderen Thesen, durch die ich glaubwürdiges Reden von Gott heute bestimmt sehe.

These 1: *Theologie muss heute etwas Positives dazu sagen können, was der* eine *Gott mit der Vielfalt der Religionen und Konfessionen und ihrer Geschichte zu tun hat.*

Antworten aus der Vergangenheit, die nur zähneknirschend zur Kenntnis nehmen wollten, dass es diese Vielfalt gibt, sind nicht mehr akzeptabel. Und genauso wenig akzeptabel ist für uns die im Grunde kindliche Denkweise, so, wie *wir Christen* sind, müsse Religion eigentlich aussehen, und die Wahrheit kennten wir, nicht die anderen. Wer so denkt, macht letztlich den Ort seiner Geburt zum Wahrheitskriterium. Und das ist nicht glaubwürdig, weil es ethnozentristisch gedacht ist.

Wenn Theologie aber die Aufgabe annehmen will, etwas Positives zur Vielfalt der Religionen zu sagen, muss sie zu allererst akzeptieren, dass *alle* Religionen auf Erfahrungen beruhen, die Menschen mit dem einen und einzigen Gott gemacht haben – mit wem denn sonst? Liest man Anordnungen wie jene, dass in katholischen Schulen Kölns christliche und muslimische Kinder in getrennten Räumen »jeweils zu ihrem Gott beten« sollen und nicht in einem Raum beten dürfen, dann muss man fragen, wie viele Götter es für den dortigen Kardinal wohl gibt. Ich glaube, dass überall da, wo Gotteserfahrungen gemacht worden sind und werden, der *eine* Gott dahintersteht. Die Frage ist nur, ob das, was die Menschen dabei *wahrgenommen* haben, mit unserem Gottesverständnis und unseren kulturellen Standards übereinstimmt. Diese beiden Ebenen des Problems muss man auseinanderhalten, wenn man Gott die Ehre erweisen will.

Denn bei allen Gotteswahrnehmungen ist es nach dem Dreischritt *Begegnen – Wahrnehmen – Erinnern* zugegangen: Was uns im Leben begegnet, nehmen wir wahr, indem wir es mit dem verbinden, was uns schon bekannt ist. Ohne solche Verbindungen mit Bekanntem könnten wir Neues gar nicht verstehen. Wenn wir dann anderen von dem erzählen, was uns begegnet ist, erinnern wir uns jedes Mal wieder neu daran und passen es dabei der Umgebung an, in der wir uns befinden. Denn wir wollen ja möglichst überall verstanden werden. Alle Religionen und Konfessionen haben diesen Dreischritt in unendlichen Variationen und unterschiedlichen kulturellen Umgebungen vollzogen. Sie haben dabei Sprachgrenzen überschritten und ihren religiösen Erfahrungsschatz, ihr religiöses Gedächtnis, beständig umgeformt und von Generation zu Generation in mehr oder minder veränderter Gestalt überliefert, auch wenn die heiligen Schriften unverändert geblieben sind.

Daraus folgt für mich: Alle Religionen und Konfessionen gehören hinein in eine große »universale Wahrnehmungsgeschichte Gottes«, wie ich das nenne. In ihr hat Gott sich, *abhängig* von Kulturen und Epochen, auf unterschiedliche Weise von Menschen wahrnehmen lassen. Da liegt das Geheimnis der Vielfalt begründet: in der nicht wegzuredenden Entscheidung Gottes, sich durch die Zeiten und Kulturen hindurch *so* wahrnehmen zu lassen, dass Menschen ihn verstehen konnten. Eine glaubwürdige Theologie kann hinter diese Entscheidung, hinter diese vielfältige Inkarnation Gottes, nicht zurück. Sie wird sie im Gegenteil als Ausdruck liebevoller Zuwendung Gottes zu seinen Geschöpfen verstehen und würdigen.

These 2: *Mit der Entscheidung für eine universale und vielgestaltige Wahrnehmungsgeschichte hat Gott es allerdings riskiert, uneindeutig zu werden.*

Ich kann auch sagen: vielgestaltig. Wodurch geschehen konnte, was das Johannesevangelium von Jesu Ankunft in der Welt so beschreibt: »Er kam in das Seine, und die Seinen nahmen ihn nicht auf.« *(1,11)* Diese, mit seiner wahrgenommenen Vielgestaltigkeit verbundene, Uneindeutigkeit Gottes finden wir auch sonst im Neuen Testament belegt. Denn da haben wir nebeneinander *vier* Evangelien und nicht nur eines. Gerade *weil* sie sich ganz erheblich voneinander unterscheiden, *weil* sie differente Jesus- und Gotteswahrnehmungen zu erkennen geben, hat man sie im Kanon nebeneinander gestellt. Denn damals hat man noch gewusst: Zu einem lebendigen Gott gehört ein lebendiger Glaube, und lebendiger Glaube ist ein sich mit dem Fortgang der Kulturgeschichte wandelnder Glaube. Gott kann es ertragen, dass es Vielfalt gibt, auch wenn seine Gesandten oft genug unter Gottes Uneindeutigkeit haben leiden müssen. Manche sind als Lästerer Gottes beschimpft worden, weil sie von Gott etwas gesagt haben, was andere nicht hören wollten. Jesus ist es so ergangen, weil er für die notorischen Sünder seiner Zeit eingetreten ist und ihnen dieselbe Liebe Gottes bezeugt hat wie den Frommen. Auch dahinter kann eine glaubwürdige Theologie nicht zurück, sondern wird immer wieder bei Jesus in die Schule gehen.

These 3: *Wenn zu einem lebendigen Gott auch ein sich wandelnder Glaube gehört, dann lässt sich das Vorkommen von Offenbarung auch nicht auf bestimmte Religionen und Zeiten beschränken.*

Offenbarungen sind keine Kopfgeburten, in denen ganze Katechismen oder andere dogmatische Regelwerke des

Glaubens wie auf einen Streich hervorgebracht worden wären. Alles, was Religionen als Offenbarung bezeichnen, hat in Erfahrungen von Menschen mit Gott begonnen und ist langsam gewachsen, zumal wenn es eine schriftliche Gestalt angenommen hat. Offenbarung ist ein sich als *Prozess* vollziehendes Geschehen und ereignet sich quer durch die verschiedenen Religionen hindurch und endet niemals, solange Gott und Menschen miteinander zu tun haben. Was davon für den Glauben verbindlich ist, entscheidet formal die Theologie, praktisch aber die eigene Gottesvorstellung. Kein Kanon einer einzigen Religion, sondern nur eine Zusammenschau aller Überlieferungen und gegenwärtigen Gotteserfahrungen kann aber die ganze Weite und Schönheit Gottes erahnen lassen – *fassen* kann sie auch die Menge der uns bekannten Kanons nicht.

Wenn wir glauben, dass Gott Einer / Eine ist, müssen wir auch davon ausgehen, dass Gott mit den anderen Religionen vor, neben und nach Judentum und Christentum zu tun hat, und zwar in einem positiven Sinn. Positiv heißt: dass Gott auch die anderen Religionen *gewollt* und geliebt und sich von ihnen und in ihnen hat wahrnehmen lassen. Damit sich *solcher* Glaube allerdings durchsetzen kann, bedarf es noch heftiger theologischer Auseinandersetzungen um geläufige Dogmen – und dabei vieler Sprünge über viele und lange Schatten. Sieht man sich die christliche Dogmatik an, gewinnt man bislang den fatalen Eindruck: Gott, wie wir ihn glauben, hat es mit Juden und natürlich mit Christen wirklich ernst gemeint, aber nicht mit den Gläubigen anderer Religionen. Die hat er eher beiläufig behandelt, ja, offenbar oft genug als lästig empfunden. Nur als zum Christentum Bekehrte hatten sie eine Chance, Gott lieb und wert zu sein. *Geliebt* hat er sie so, wie sie waren bzw. sind, jedenfalls nicht. Segen und Heil erhalten sie nach der Dogmatik deshalb auch nicht unmittelbar von Gott, sondern nur mittelbar, nämlich gebunden an segensreiches Handeln von Juden und Christen, die sich als von Gott erwählt verstehen.

Für mich ist auch das kein glaubwürdiges Reden von Gott und seinen Geschöpfen, sondern eine schwierige Erbschaft. Denn Gott ist dabei eigentlich ein armer, vom Fleiß der Juden und Christen abhängiger Gott. Die – übrigens in Ägypten entstandene – Erwählungslehre schaltet denn auch das religionsgeschichtliche Bewusstsein aus und vergrößert die in biblischen Überlieferungen geäußerten Gottes-, Menschheits- und Weltvorstellungen in die theologische Totale. Und da warten in der Regel – wie die Geschichte zeigt – schon die unseligen Kinder der Totalitätsvorstellungen: der Ethnozentrismus, der das Wir im Mittelpunkt der Welt sieht (»*Wir* sind erwählt, sind die *wahre* Religion, haben den *wahren* Glauben«), und der Anthropozentrismus, der das Wir mit dem Menschsein verschmilzt (»Der *Mensch* ist die Krone der Schöpfung«, die Tiere sind Gott heilsgeschichtlich unwichtig). Noch gefährlicher sind die anderen Ableger der Absolutheitsansprüche: der Rassismus und die Bereitschaft zur Gewaltanwendung, wenn es darum geht, die eigenen Vorstellungen durchzusetzen. Eine glaubwürdige Theologie nimmt Gott dagegen als Gott *aller* Geschöpfe ernst. Doch wir werden lernen müssen, diese Aussage nicht nur auf Gottes irdische Geschöpfe zu beziehen, sondern zu ergänzen und zu glauben, dass Gott es auch mit seinen uns bekannten und unbekannten außerirdischen Geschöpfen ernst meint bzw. ernst gemeint hat.

These 4: *Theologie muss aus der Geschichte lernen, an der die Religionen Anteil haben und für die sie im Guten wie im Bösen Mitverantwortung tragen. Theologie muss sich selbst und andere Religionen kritisch fragen, welche ihrer Überlieferungen und Dogmen dem Leben gedient und welche sich als lebensfeindlich erwiesen haben.*

Künftige Theologie wird davon ausgehen müssen, dass Gott alle Geschöpfe mit der Lebensgabe beschenkt hat, und zwar ohne Rangfolge. Sie wird sich in einen Dienst am Leben stellen, wie Jesus ihn als Ausdruck der *unbedingten* Liebe Gottes bezeugt hat. (»Des Menschen Sohn ist nicht gekommen, dass er sich dienen lasse, sondern dass er diene.« *Markus 10,45*[7]) Jesus hat uns einen Gott offenbart, der uns ganz aus sich selbst heraus liebt, ohne dafür irgendeine Vorleistung erhalten zu haben. Gott liebt Menschen nicht erst dann, wenn sie ihm absoluten Gehorsam leisten. Sondern Gott liebt uns, damit wir besser, nämlich in Frieden mit Gott und unseren Mitgeschöpfen, leben und auch in Frieden sterben können. Aus der Verkündigung Jesu, vor allem aus den Seligpreisungen der Bergpredigt, klingt es deutlich heraus, dass Gott weiß, wie schwer das Leben ist. Darum preist er die Barmherzigen, Sanftmütigen, Friedensstifter und Liebhaber der Gerechtigkeit selig. Denn sie machen das Leben leichter, oft sogar schön.

Gewalt, gar tödliche *Gewalt*, ist kein Heilsmittel für Gott. Nirgendwo in der Verkündigung Jesu kommt eine Heiligung tödlicher Gewalt vor. Vergebung war für ihn die Weitergabe der Liebe Gottes an den Nächsten, und sie war weder gebunden an Opferkulte, bei denen Tierblut vergossen werden musste, noch an die Taufe, wie bei Johannes dem Täufer. Jesus hat an diesem Punkt gebrochen mit der Theologie der Opferkulte, wie sie in der ganzen hellenistischen Welt zur Zeit Jesu von Juden, Ägyptern, Griechen und Römern rituell praktiziert worden ist. Der Satz, den der Hebräerbrief unwidersprochen zitiert »Ohne Blutvergießen gibt es keine Vergebung« *(9,22)*, galt für Jesus *nicht* mehr. Entsprechend finden wir bei ihm keine Vorstellungen, wonach das Verhältnis zwischen Gott und Menschen durch einen als stellvertretende Sühne verstandenen

---

[7] Der Zusatz »und gebe sein Leben als Lösegeld für viele« ist ein späterer Nachtrag, der den Tod Jesu bereits als Sühne deutet.

Opfertod von Menschen oder Tieren geheilt werden könnte. In allen auf einen Opfertod, ja, sogar auf ein Menschenopfer gründenden Lehren von Erlösung und Versöhnung ist Gott mit einer angeblich »heiligen« Gewalt verbunden worden. Auf Jesus kann sich eine solche Theologie aber nicht berufen. Mit ihr ist vielmehr der neue Wein in alte Schläuche zurückgegossen worden, wie Jesus es bildlich einmal formuliert hat *(Matthäus 9,17)*.

Wir können heute zwar nachvollziehen, dass viele der ersten Christen dem sinnlosen Tod Jesu einen positiven Sinn geben wollten, indem sie ihn als Sühne bewirkendes Opfer oder als einen Märtyrertod mit Sühnewirkung interpretiert haben. Aber diese Deutung des Todes Jesu rechtfertigt tödliche Gewalt als Heilshandeln Gottes und stellt die Botschaft Jesu – ob sie es wollten oder nicht – nachträglich auf den Kopf. Denn diese Deutung des Todes Jesu als Heilsgeschehen macht aus der bedingungslosen, also un-bedingten Liebe Gottes, die Jesus mit Wort und Tat bezeugt hat, wieder etwas Bedingtes und raubt dadurch der Liebe Gottes ihre tiefste Freiheit und Schönheit.

Blutige Sühnopfer gehören in die Religionsgeschichte, aber nicht in den Glauben der Gegenwart und Zukunft. Das zu sagen, hat nichts mit Antijudaismus zu tun, wie mir auch schon vorgeworfen worden ist. Wer jüdische Opfertheologie für sich selbst nicht mehr als bindend ansieht, tut prinzipiell nichts anderes als diejenigen, die die jüdischen Anforderungen ans Priesteramt nicht mehr für heutige Pfarrerinnen und Pfarrer gelten lassen wollen. Außerdem geht es beim Abschied von der Sühnopfertheologie um die Abkehr von einer Phase der (antiken) Religionsgeschichte, an der die bereits genannten Religionen *allesamt* teilhatten. Notwendig ist die Abkehr von dieser religiösen Praxis und Vorstellung, weil mit ihr eine kultische Heiligung tödlicher Gewalt und ein magischer Umgang mit Blut verbunden sind. Denn im Zentrum der Opferkulte, bei denen es um Sühne und Heiligung geht, stehen Blutriten. Der Gedanke, dass es neben der verbrecherischen tödlichen Gewalt auch eine »heilige« tödliche Gewalt gebe, hat immer wieder dazu geführt, dass tödliche Gewalt Mittel der Politik geblieben ist. Wo sie die Macht dazu hatten, haben auch Kirchen sie als Mittel zum geheiligten Zweck benutzt. An den Ursachen der Krieggeschichte ist unsere Religion deshalb leider in besonderer Weise beteiligt. Es ist an der Zeit, daraus zu lernen, genauer: die Ehrfurcht vor dem Leben zu lernen und ohne Wenn und Aber zu praktizieren.

Ich halte es deshalb für wichtig, dass wir die liturgische Feier des Abendmahls von den Grundstrukturen der antiken Opfermahlfeier und des Sühne bewirkenden Märtyrergedächtnisses lösen, in denen uns das letzte Mahl Jesu im Neuen Testament überliefert worden ist. Die Kirchen sollten sich hinwenden zu einer Form der Mahlfeier, wie sie Jesus nach jüdischer Tradition mit den Seinen gehalten haben wird und wie wir sie in einer anderen frühchristlichen Mahltradition – in der sogenannten Didaché oder »Zwölf-Apostel-Lehre« – zum Glück überliefert finden. Dabei geht es um die Feier der Lebensgaben Gottes, die wir mit den Schöpfungsgaben erhalten. Aber für Christen geht es natürlich auch um diejenigen Lebensgaben, die Jesus uns mit seinem Leben und seiner Verkündigung als Gabe Gottes zugänglich gemacht hat[8].

Reden wir von der Notwendigkeit, die Heiligung von Gewalt aus Theologie und Liturgie herauszunehmen, so betrifft das auch unseren Umgang mit Tieren. Auch ihnen gegenüber müssen wir noch lernen, was Ehrfurcht vor dem Leben heißt. Jedenfalls ist unser Hochmut völlig fehl am Platz gewesen, auf Tiere herabzusehen, weil sie die menschliche Sprache nicht sprechen können. Daraus zu

---

[8] An diese Mahlpraxis habe ich mit meinem Entwurf einer neuen Liturgie in dem Buch »Lebensgaben Gottes feiern. Abschied vom Sühnopfermahl: eine neue Liturgie« angeschlossen.

schließen, dass Gott mit ihnen nicht reden könne, wie es manche Dogmatik nahelegt, ist schon grotesk. Als wenn Gott auf unsere menschliche Sprache angewiesen wäre, um mit seinen Geschöpfen zu kommunizieren! Für mich steht fest, dass alle Geschöpfe mit Gott durch seinen Geist in Verbindung sind. Und das heißt, dass sie *beseelt* sind. Gott ist Grund und Kraft des Lebens. Und was am Leben Anteil hat, hat an Gott Anteil und Gott an ihm. Auch daraus müssen Konsequenzen gezogen werden, die in Alltag und Festtag reichen. Deswegen sollten sich die Kirchen auch um Liturgien kümmern, die Menschen benutzen, wenn sie ihre Haustiere begraben und Gott dabei danken wollen für alles, was sie von diesen Mitgeschöpfen vom Leben gelernt haben[9].

These 5: *Gott und seine Geschöpfe leben in* einer *Wirklichkeit miteinander. Sie sind voneinander unterscheidbar, aber nicht zu trennen. Alles Geschaffene ist sterblich geschaffen. Glaubwürdiges Reden von Gott nimmt das ernst und sieht in der Sterblichkeit der Geschöpfe keine Strafe.*

Theologie und Naturwissenschaft beschreiben – von der Perspektive her zum Teil unterschiedliche – Zugänge zu der *einen* Lebenswirklichkeit. Diese ist kosmisch weit und endet nicht an den Grenzen unserer Galaxie. Alles Leben im Kosmos ist sterbliches Leben, Sterblichkeit ist keine Sündenfolge, sondern der Kunstgriff des Schöpfers, durch den eine Vergreisung des Lebens verhindert wird. Der Tod ist keine Strafe, sondern das Tor zu neuem Leben. Das können wir allerdings eher aus der modernen Physik als aus der Bibel lernen.

Weil wir endlich sind, ist Kultur aber nicht nur Gabe, sondern auch Aufgabe für uns: Wir müssen Wertordnun-

---

[9] In dem genannten Buch »Lebensgaben Gottes feiern« habe ich auch eine solche Liturgie vorgestellt: S. 191-194.

gen finden und die uns gegebene Zeit und unsere Begabungen nutzen lernen. Unsere Sterblichkeit und Endlichkeit haben aber insofern mit der Sünde zu tun, als wir durch das Wissen um unsere begrenzte Zeit dazu neigen, andere als Konkurrenten im Kampf um die nur begrenzt zur Verfügung stehenden Güter des Lebens anzusehen und zu bekämpfen.

Theologisch reflektierter Glaube und das auf Forschung basierende Wissen stellen keine prinzipiell unvereinbaren Größen dar. »Gott« gehört nicht zu einer Sonderwirklichkeit, sondern ist Geist *(Johannes 4,24)* und – in der interpersonalen Ebene – Liebe *(1. Johannesbrief 4,16)*. In beidem ist Gott »das Eigentliche des Wirklichen, das uns begegnet« (Carl Friedrich von Weizsäcker). Theologie wird über die jetzt schon erreichten Öffnungen hinaus die um mancher Privilegien willen selbst gewählte Provinzialität verlassen und dadurch die Liebe Gottes zum Leben unter Beweis stellen müssen. Noch hat sie im Verbund der Fakultäten an unseren staatlichen Universitäten Gelegenheit, ihren Beitrag dazu auch als Wissenschaft leisten zu können. Wer weiß, wie lange noch.

Theologie wird sich auch darauf vorbereiten müssen, dass das Reden von Gott etwas ist, was auf Dauer glaubwürdig nur geleistet werden kann, wenn sich zu dem Gespräch mit den anderen Wissenschaften auch das ergebnisoffene Gespräch mit den anderen Religionen gesellt. Denn nur im Hören der Religionen aufeinander wird der theologische Horizont so weit geöffnet werden können, wie es Gottes Entscheidung, sich zu unterschiedlichen Zeiten und in unterschiedlichen Religionen von uns Menschen *uneindeutig* wahrnehmen zu lassen, nun einmal verlangt. Mit der Überlieferung von Jesus und mit unserem Glauben an ihn können wir in dieses Gespräch den größten Schatz einbringen, der uns anvertraut worden ist.

Zugleich aber wird es Zeit, dass wir – von Jesus aus-

gehend – auch kritisch mit der christlichen Theologiegeschichte umgehen lernen, die bekanntlich im Neuen
Testament begonnen hat. Glaubwürdig ist für mich eine
Theologie, die die historisch-kritische Erforschung der
Bibel und ihrer Entstehungsgeschichte mit einer theologischen Kritik verbindet und fragt, was in unseren biblischen
Überlieferungen und in der Kirchengeschichte dem Leben
gedient hat und was nicht. Erst mit einer solchen Theologie können wir andere Religionen kritisch befragen. Und
erst mit einer solchen selbstkritischen Theologie können
wir uns auch vor den Menschen und Tieren sehen lassen,
die so lange schon unter einer Kirche leiden müssen, die
Gottes Liebe vergessen hat.

Schmerz
als Ausdruck und Gefährdung der Menschenwürde
Eine Spurensuche im religiösen Gedächtnis

Für Glauben und Theologie gilt, was wir auch sonst in unserer Kultur beobachten können: Vor allem unter dem Eindruck der sich mehr und mehr spezialisierenden diagnostischen und therapeutischen Verfahren in der Medizin haben wir den Zugang zu vielen Bereichen des Lebens verloren, in denen wir als *Menschen* eigentlich kompetent sind, auch ohne Fachleute zu sein. Ich meine Bereiche, die mit Lebenserfahrung, gesundem Menschenverstand, der Bereitschaft zu lernen und mit etwas Herz erschlossen werden können. Weil es diese Kompetenz gibt, müssen wir uns den Zugang zum Leben nicht unbedingt von der Wissenschaft eröffnen lassen, weder von der medizinischen noch von der theologischen. Vielmehr halte ich es umgekehrt erst einmal für angemessen, von der jeweils als kompetent geltenden Wissenschaft zu erwarten, dass sie uns zeigt, wie sie auf die Lebenserfahrungen eingeht, die wir aus dem eigenen Leben oder auch aus Erzählungen anderer Menschen kennen. In diesem primären Lebenskontext muss sich erweisen, ob Wissenschaft dem Leben dienlich ist oder nicht. Was für die Wissenschaft gilt, gilt natürlich auch für die Theologie und für die von ihr herangezogenen Glaubensüberlieferungen. Mit der Frage, was sie vom Schmerz wissen, und ob dieses Wissen hilfreich ist, werde ich mich nun beschäftigen.

Ich beginne, indem ich eine weitere Vorbemerkung mache. Sie lautet: Wir Menschen tragen, auch wenn wir im 21. Jahrhundert leben, die ganze Entwicklungsgeschichte der Menschheit, *des* Menschen, in uns. Wir sind nicht nur die, die am Ende einer Entwicklung leben, die soundso viele Jahrtausende gedauert hat. Sondern wir haben die ganze Entwicklungsgeschichte in uns. Das Archaische, das, was aus frühen Stadien unserer Entwicklung kommt, haben wir genauso in uns wie das, was wir uns aus unserer gegenwärtigen Kultur angeeignet haben. Und wir merken es immer wieder, wenn wir in Verhaltensweisen zurückfallen, die eigentlich gar nicht zum Bild eines aufgeklärten Menschen passen, wie überwunden geglaubte Stadien in uns aufbrechen und unser Handeln bestimmen. Zum Beispiel im Straßenverkehr. Dieses Verhalten am Steuer vor den Ampeln! Als ginge es bei diesem kurzen, letzten Schlenker, den man noch macht, um anderen den Weg abzuschneiden und in die Pole-Position zu kommen, darum, nach dem Start als Erster an eine imaginäre Beute zu gelangen. Ein ungeheurer Gewinn scheint dieser Vorteil zu sein, der alles, was wir im Leben an Tugenden gelernt haben, blitzartig über den Haufen geworfen werden lässt! Höflichkeit, Fairness, Sicherheit – alles ist vergessen. In diesem Moment regiert nur noch der Jagdtrieb, das Beutemachen durch Hundertstelsekunden-Vorsprünge. Das wäre ja auch alles ganz lustig zu analysieren – wären da nicht die fast 5000 Toten im Straßenverkehr, die wir jedes Jahr haben. Denn zu einem großen Teil sterben sie wegen dieser und anderer unkontrolliert aufbrechender Regungen in uns, die uns das Auto nicht mehr beherrschen lassen.

Aber dieses Problem betrifft nicht nur den Straßenverkehr, sondern es betrifft auch den »Verkehr« zwischen Himmel und Erde, also unseren Umgang mit Gott und – wie wir meinen – seinen Umgang mit uns. Und in diesem Zusammenhang spielt der Schmerz eine Rolle, weil das Leiden eine Rolle spielt. Deswegen will ich in zwei Kapiteln versuchen, zum einen von den Schmerzen zu reden, die uns unsere Sterblichkeit bereitet, und zum anderen von Schmerzen, die die Menschenwürde gefährden. Die erste Art von Schmerzen gehört zu unserer Menschenwürde hinzu. Wir dürfen sie nicht um jeden Preis vertreiben wollen, aber wir können sie lindern; die anderen Schmerzen können und müssen wir mit allen menschlichen Mitteln vermeiden oder therapieren.

1. Schmerzen, die mit der Erfahrung verbunden sind, dass wir sterblich sind

Weil wir als Menschen die ganze Menschheitsgeschichte in uns haben, deren frühe Stadien immer wieder aufbrechen, müssen wir auch immer wieder hineinschauen in diese Menschheitsgeschichte, um uns kennenzulernen. Insbesondere, um durch das Studium der kulturell und religiös bedeutsamen Überlieferungen herauszufinden, was diese frühen Menschheitszeugnisse von den Stadien unserer Entwicklung wissen, von den bedeutenden Erfahrungen, die Menschen gemacht, und welche Denkmuster und Vorstellungen vom Leben sie dazu entwickelt haben. Ganz besonders interessant sind dabei Erzählungen, mit denen sie Einsichten von Generation zu Generation weitergegeben haben, die alles betreffen, was ihre eigenen Möglichkeiten übersteigt, und natürlich das Unabänderliche im Leben, vor allem das Leiden- und Sterbenmüssen.

Ich erwähne deswegen nun einige Erzählungen aus unserer religiösen Überlieferung, die die meisten wohl noch kennen. Denn es geht ja um eine Spurensuche im religiösen Gedächtnis der Menschheit. Anhand dieser Erzählungen und der in ihnen weitergegebenen Einsichten will ich versuchen, auch einiges über den Schmerz zu ermitteln.

1.1 Die Vertreibung aus dem Paradies und die Geburt ins wirkliche Leben

Es ist hochinteressant, dass der Begriff »Vertreibung« im Blick auf das Hinausgeworfenwerden der Menschen aus jenem Paradies verwendet wird, in dem Gott und Menschen noch einträchtig miteinander gelebt haben. Interessant ist der Begriff »Vertreibung«, weil er eine große Nähe zu dem Geschehen hat, das man in der Medizin die »Austreibung« nennt. Austreibung meint nämlich jene Phase, in der der Mensch im Mutterleib auf seine Geburt vorbereitet und schließlich durch die Wehen und das große Pressen buchstäblich aus dem Mutterleib hinausgetrieben, also geboren, wird. Am Anfang eines jeden Menschenlebens steht diese Austreibung heraus aus der Totalversorgung im Mutterleib mit Wärme, Nahrung und Schutz, hinein in ein Leben voller Gefahren und Ängsten und Schmerzen. Wenn man dieses Geschehen und den Begriff »Austreibung« nun auf die Paradiesgeschichte bzw. auf ihr Ende überträgt, dann zeigt sich eine unglaubliche Parallelität: Der Mensch wird aus dem Paradies herausgetrieben, in dem er mit allem, was er brauchte, versorgt war, und in ein Leben hineingetrieben, zu dem fortan Arbeit und Schmerzen gehören werden, wie die Geschichte ausdrücklich betont *(1. Buch Mose 3,16-19).* Auch damit ist der Mensch in dem Leben angekommen, das wir kennen und führen. Beide Vorgänge – die Vertreibung aus dem Paradies und die Austreibung aus dem Mutterleib – führen uns Menschen dahin, wo wir sind: ins wirkliche Leben.

Mit anderen Worten: *Beide* Vorgänge sind Geburtsvorgänge des Menschen, aber beide stellen Vertreibungsvorgänge dar. Ohne diese könnten wir nicht Mensch sein, wie wir Mensch sind. Denn beide Vertreibungen haben dazu geführt, dass wir Menschen aus einem Embryonalzustand unserer Existenz heraus- und in ein Wachsen und Erwachsenwerden hineingeführt worden sind. Davon redet das Ende der Paradiesgeschichte, und davon redet das Ende jeder Geburtsgeschichte auch. Wie *Sigmund Freud,* der Begründer der Psychoanalyse, einmal so schön gesagt hat, waren wir alle in der embryonalen Erlebnissphäre im Mutterleib nicht irgendwer, sondern »his majesty – the baby«. Wir waren wohlversorgt mit allem rund um die Uhr der Bedürfnisse. Und jedes Kind hat eine unstillbare Sehnsucht danach, auch nach der Geburt wie im Mutterleib nicht nur Mittelpunkt, sondern behütet und geschützt zu sein. Genau so war es im Paradies aber auch: »Adam«, der »Erdling«, und »Eva«, die »Lebengebende«, brauchten nur nach links oder rechts zu greifen, und es war alles erreichbar, was sie brauchten. Und dann wieder schlafen, ein bisschen spazieren gehen. Gott kommt mal von links und mal von rechts, und man grüßt sich. Aber das ist es denn auch gewesen, das »Mensch«-sein in jener voll versorgten Welt, die wir »das Paradies« nennen. Das Wort wird im Allgemeinen als persisches Lehnwort angesehen, das die durch Wälle umgebenen königlichen Gärten meint, in denen es auch zooähnliche Züchtung exotischer Tiere gab. Im griechischen Wort *parádeisos* klingen aber auch Wörter an, die bei »Paradies« an ein »(Leben) bei bzw. mit den Göttern« denken lassen. Wie dem auch sei: In der Bibel meint der »Garten Eden« ein Leben »in der Fülle und fürsorgenden Geborgenheit Gottes«[10].

Dass dieses Leben mit dem wirklichen Menschenleben nichts zu tun hat, kann man auch daran erkennen, dass die Menschen in ihren Projektionen vom schönen, besseren Leben *nach* dem Tod oft wieder an diese Paradiesbilder angeknüpft haben. Und auch daran, dass die Karikaturisten aus jenem voll versorgten, sorgenfreien Leben bald das »Schlaraffenland« gemacht haben – was auf Hochdeutsch so viel heißt wie »Land der schlurfenden Schlaffen«.

Dieses Leben wird abrupt beendet durch die Vertreibung hinaus in das wirkliche Leben. Und kaum jemand wird diese Vertreibung als ein Unglück ansehen wollen. Denn wer möchte schon in jenem Paradies leben? Aber das

---

[10] Der neue Pauly. Bd. 9, Stuttgart, Weimar 2000, Sp. 307.

Leben, in das wir hineingeboren werden, ist ein Leben mit Schmerzen. Warum Schmerzen? Wenn wir diese Frage beantworten wollen, müssen wir uns die Art der Schmerzen ansehen, in die hinein der Mensch durch seine doppelte Geburt vertrieben wird.

Der erste Schmerz, den das selbständige Leben uns Menschen bereitet, ist die Erinnerung an die große Geborgenheit, von der uns der Abschied aus Mutterleib und Paradies nun trennt. Geborgenheit wird so das Ziel lebenslanger Sehnsucht. Und diese Sehnsucht schmerzt uns, wenn wir keine Geborgenheit finden oder eine gefundene verlieren. Ein anderer Schmerz verbindet sich mit der oft leidvollen Aufgabe, tagtäglich unterscheiden zu müssen zwischen Gut und Böse, zwischen dem, was zu tun und was zu lassen ist. Diese Daueraufgabe verursacht unser Leben lang seelische und ethische Arbeit, und wenn wir sie falsch entschieden haben, bittere Schmerzen. »Trial and error«, Versuch und Irrtum, kennzeichnen unser Leben und machen aus der nachparadiesischen Würde des Menschen, Gut und Böse wie Gott unterscheiden zu *können (1. Buch Mose 3,22)*, die Bürde, es auch zu *müssen*. Zwar können wir vieles lernen, auch von anderen. Aber dauernd in neue Konstellationen zu kommen und Entscheidungen treffen und verantworten zu müssen, das ist eine oft schmerzhafte Arbeit. Und dann gibt es auch vielerlei Schmerzen durch die Aufgabe, uns selbst versorgen, also arbeiten, zu müssen. Und seit eh und je gibt es auch die Schmerzen der Arbeitslosen, nicht arbeiten, sich und ihre Familien nicht versorgen zu können. Arbeit hat natürlich auch eine positive Seite: die Freude, ja, manchmal den Stolz über das Geleistete. Und sogar die unglaubliche Chance kann sich damit verbinden, die schon Gilgamesch genutzt hat, als er im 3. Jahrtausend v. Chr. die Stadtmauer von Uruk bauen ließ. Ich meine die Chance, sich zu »verewigen«, sich durch das Werk einen Namen zu machen. Das sind Hoffnungen, die auf die Arbeit, auf das Werk gesetzt werden – was aber auch Schmerzen verursachen kann. Denn wer weiß schon, ob ein Vorhaben gelingt und im Gedächtnis bleibt? Aber es gehört zum Leben hinzu, diese Schmerzen auf sich zu nehmen. Wenn man etwas gestalten will, muss man auch Einbußen an Freizeit und dergleichen hinnehmen. Für viele gibt es diesen Schmerz, nicht zur Ruhe zu kommen, getrieben zu sein von Neugierde und von der Erkenntnis-Leidenschaft. Auch das sind Schmerzen, die zum Leben gehören.

Es sagt viel, dass die Leidenschaft, erkennen zu wollen, in der Bibel *(1. Buch Mose 4,1)* verbunden worden ist mit der intimsten Begegnung von Mann und Frau. Das körperliche Einswerden wird dort »Erkennen« genannt. Der Mann Adam, erzählt die Geschichte, »erkannte« seine Frau Eva, und sie wurde schwanger. Dieses Erkennen ist mit der völligen Hingabe an einen anderen Menschen verbunden, mit einer Hingabe, durch die man sich, zumindest für Momente, selbst verliert und nur im anderen Menschen wiederfindet. Aber diese Hingabe ist auch etwas, was Trauer hinterlassen kann und einen tiefen Schmerz, wenn diese Hingabe und diese Beziehung sich nicht halten lassen. Und trotzdem hört die Sehnsucht danach nicht auf, durch Hingabe das Leben zu erkennen.

Und das hat damit zu tun, dass nicht nur die Bibel, sondern auch philosophische Schriften wissen, dass wir Menschen uns als Einzelne nicht vollständig fühlen, und wie sehr die einzelnen Menschen sich sehnen danach, durch ein Gegenüber ergänzt, »ganz«, zu werden. In der Bibel kommt das dadurch zum Ausdruck, dass Adam einen neuen Namen erhält, als er Eva zum ersten Mal sieht. Nun heißt der »Erdling« *isch*, »Mann«, und die Frau *ischa*. Das Namenpaar macht sofort deutlich, dass keiner von beiden sich noch ohne den anderen Menschen verstehen kann. Sondern es ist, wie *Martin Buber* es ausgedrückt hat: »Das Ich wird am Du«. Was aber, wenn es kein Du gibt? Wenn das Du verloren geht? Oder wenn beide getrennt werden? Dann wird das Alleinsein zu einem Schmerz, der Menschen oft genug ums Leben bringt. Dann brauchen wir zumindest tröstende Nähe von Menschen, die diesen Schmerz wahrgenommen haben. Platon hat die Vorstellung vom »Kugelmenschen« entwickelt, in dem sich Mann und Frau verbinden. Im chinesischen Yin und Yang finden wir dieselbe lebenssymbolische Verbindung von weiblich und männlich. Und so erweist sich die androgyne Vorstellung vom Menschen in dieser oder jener Form als eine Grundeinsicht in die Kraft, die das Leben erhält. Wenn die andere Hälfte aber fehlt oder verloren geht, dann schmerzt uns die Erfahrung, mitten im Leben in der Fremde zu sein.

Da ist es schon besonders spannend, im 1. Kapitel der Bibel, in der ersten Schöpfungserzählung, zu lesen, dass dort die jüdische Gottesvorstellung, in der Frauen eigentlich keinen Platz haben, irgendwann mit einer *androgynen* Gestalt verbunden gewesen sein muss. Denn es heißt dort *(V. 27)*: »Gott schuf den Menschen nach seinem Bilde, nach Gottes Bilde schuf er ihn, und er *schuf sie als Mann und Frau.*« Nach dieser Stelle enthält Gott, der Schöpfer, beides in sich, das er dann in der Erschaffung der Menschen leibhaftig aus sich heraussetzt: Mann und Frau. Woher soll denn auch sonst das Weibliche gekommen sein? Trotzdem kann man nicht gerade behaupten, dass die jüdische oder die christliche Theologie sich Mühe gegeben hätten, diese Androgynität in der Bibel zu entdecken. Sie haben eher alles getan, um diese Spuren zu *ver*decken.

Man kann sogar sagen, finde ich, dass sich schon in dem Satz »Am Anfang schuf Gott den Himmel und die Erde« *(1. Buch Mose 1,1)* ein ähnlicher Gedanke widerspiegelt. Denn im Indogermanischen heißt »Himmel« nichts anderes als Mantel, Decke oder Kleid. Die Erde ist also mit »Himmel« umgeben, beides ist aufeinander hin geschaffen und kann gar nicht für sich allein existieren. Was sollte denn schließlich auch Gott für sich selber? Ein solches Für-sich-selber-Sein müsste doch, menschlich gesprochen, ein Höchstmaß an Langeweile bedeuten! Das Leben ist interessant nur als Beziehungsgeschehen. Mehr noch: Es lebt davon, dass alles mit allem in Beziehung ist. Die Kraft, die das schafft und erhält, können Theologie und moderne Naturwissenschaft inzwischen *Geist* nennen. Wenn das so ist, dass Leben eine Beziehungsstruktur hat, und wenn Gott mit Geist identisch ist, dann können wir den Einsichten der Mystik in allen Religionen Recht geben. Denn die Mystiker haben immer schon erkannt, dass es nur *eine* Wirklichkeit gibt, zu der Gott und Menschen gehören.

Verfolgen wir den biblischen Erzählfaden von den Anfängen bis in die Geschichte von der Wüstenwanderung Israels, so kommen wir an ein weiteres Lehrstück über jene Schmerzen, die zum Leben hinzugehören. Es erzählt: Israel wird von seinem Gott durch Mose aus Ägypten, aus dem Sklavenhause, wie es heißt, herausgeführt mit der Verheißung, in ein Land zu kommen, »wo Milch und Honig fließt« *(2. Buch Mose 3, 7f.).* Und dort soll Israel dann leben. Diese Wüstenwanderung dauerte 40 Jahre. 40 Jahre war in der damaligen Zeit mehr als eine Generation. Das heißt, ankommen würden diejenigen, die aufbrechen, nicht mehr selbst, sondern schon die nächste Generation. Bildlich gesprochen, führte der Zug durch die Wüste die aufbrechenden Israeliten also in ein neues Leben – nach ihrem Tod. Es ist nach allen Erzählungen ein mühseliges Unterfangen gewesen, gerade auch für Mose. Er durfte das gelobte Land kurz vor seinem Tod noch sehen, betreten aber durfte er es nicht *(5. Buch Mose 34, 1-6).*

Ja, der ganze Exodus war mit unendlichen Leiden verbunden. Und immer wieder sind dabei jene Leiden aufgetaucht, die man als die Schmerzen des sich zurücksehnenden, nach der Totalversorgung im Mutterleib zurücksehnenden Kindes bezeichnen kann; gewissermaßen die

Schmerzen des Babys in uns. Israel beklagt in der Wüste vor Gott, dass es nicht mehr an den Fleischtöpfen Ägyptens sitzen kann. Da hatte man zwar keine Freiheit, aber doch wenigstens zu essen. Und nun, auf dem Weg in das gelobte Land, erweist sich die Freiheit als ungeheuer mühselig. Also muss Mose, muss Gott sich eine Unzahl von Klagen anhören. Und in den Menschen entstehen Traumata. Traumata in dem Sinne, dass durch den Verlust der »Fleischtöpfe« die Angst produziert wird, gar nicht anzukommen in jenem wunderbaren Land. Ängste, die das ganze Ziel durchstreichen und keine Hoffnung mehr zulassen wollen – außer man überträgt sie auf die nächste Generation. Die Hoffnung, die man für sich selbst gehabt hatte, wird zur Enttäuschung. Sie scheint sich, wie das Wort ja sagt, als Täuschung zu erweisen. »Gott, du hast uns enttäuscht«.

Man hätte in dieser Situation allerdings auch andersherum denken und sagen können: *Wir* haben uns selbst getäuscht. Wir haben uns Bilder von Gott gemacht, durch die wir uns an ihn wie an eine Nabelschnur geklammert und erwartet haben, er werde uns jedes Leiden über die Unbehaustheit unterwegs ersparen? Wir haben nicht ernst genommen, dass der Auszug aus Ägypten ein wirklicher und endgültiger Abschied aus dem – wenn auch wohlversorgten – Leben in Unfreiheit gewesen ist, das sich mit der neuen Existenz in dem gelobten Land nicht mehr verbinden lässt. Wie konnten wir erwarten, durch die Wüste zu gehen, ohne eine Durststrecke zurücklegen zu müssen? Das waren Selbsttäuschungen. Und insofern war die Enttäuschung auch eine Wohltat, weil sie uns die Wirklichkeit hat wahrnehmen lassen. Also galt es, sich neu auf das Leben einzulassen und mit dem zu leben, was wir unterwegs bekamen. Das »wir«, das ich bei dieser Nacherzählung gebraucht habe, soll sagen: Die Wüstenwanderung Israels ist eine großartige Parabel.

Von *Franz Kafka* gibt es eine Kurzgeschichte, die dazu wunderbar passt: »Der Aufbruch«[11]. Ein Mensch hört plötzlich ein Signal, und er weiß, dass er sein Pferd satteln und aufbrechen muss. Der Diener, der ihm das Pferd bringt, fragt ihn: ›Wohin willst du eigentlich? Kennst du dein Ziel?‹ Und er antwortet: ›Ich muss weg von hier, nur weg von hier. Nur so kann ich mein Ziel erreichen.‹ Der Diener rät ihm fürsorglich: ›Du musst Proviant mitnehmen.‹ Doch der Mensch antwortet: ›Mein Ziel ist so weit, kein Proviant würde mich retten, wenn ich unterwegs nichts bekäme.‹ Wer wirklich aufbrechen will, muss das finden, was auf der Strecke dieses neuen Weges zu finden ist, und damit leben. So viel kann man nicht aus dem alten Leben mitschleppen, wenn man in ein neues will. Also wird es Durststrecken, Leidenszeiten geben. Und das war auch die Lektion, die Israel auf dieser Wanderung lernen musste.

Die schmerzhafte Trennung vom Paradies hat aber auch noch eine andere, tiefer liegende Seite. Denn sie ist verbunden mit der schmerzhaften Einsicht, dass wir sterblich sind. Dieses Kapitel aus dem Buch des Lebens hat den Menschen immer schon zu schaffen gemacht, wie wir aus den ältesten Epen wissen. Als der bereits erwähnte Gilgamesch mitansehen muss, wie sein geliebter Freund Enkidu neben ihm stirbt, versucht er alles, um ihn im Leben zu halten. Und als er gestorben ist, lässt er ihn lebensecht nachbilden, um ihn im Leben zu halten – bis er begreift, dass er ihn dadurch nicht wirklich bei sich halten kann. Er erkennt, dass ihm dasselbe geschehen wird, früher oder später, und beginnt einen mühsamen Weg, auf dem er schließlich lernt, seine eigene Sterblichkeit zu akzeptieren.

Was ist denn der Schmerz der Sterblichkeit, wenn wir ihn wirklich wahrnehmen und aushalten? Es ist die tiefe Erkenntnis, dass alles das, was uns im Leben etwas bedeu-

---

[11] In: F. Kafka, Sämtliche Erzählungen. Hg. P. Raabe, Frankfurt/Main 1972, S. 321.

tet, zeitlich ist und nur begrenzt zur Verfügung steht. Alles, was wir lieben, gibt es entweder nur einmal, oder aber es ist knapp vorhanden. Und wir wissen, wir haben nicht unendlich viel Zeit. Wir haben nur einen begrenzten Zeitraum vor uns, in dem uns Kräfte zur Verfügung stehen, mit denen wir dies und jenes »erreichen« können, wie wir sagen. Und diese Einsicht wird immer schmerzhafter, je schneller die Zeit davonläuft und je kürzer der zur Verfügung stehende Zeitraum für uns wird. Das Begehrte wird immer knapper, es wird, gemessen an den schwindenden Kräften, immer kostbarer. Und so kommt es dazu, dass wir andere Menschen, die dasselbe Ziel haben, dieselben Schätze im Leben suchen wie wir, irgendwann als Konkurrenten empfinden und versuchen, vor ihnen ans Ziel zu kommen, ja, sie »auszustechen«.

Seit mir das klar geworden ist, habe ich auch verstanden, dass Sterblichkeit und Sünde nicht so miteinander verbunden sind, wie Paulus es sah. Er hat bekanntlich unsere Sterblichkeit als Strafe für unseren Ungehorsam gegen Gottes Gebot verstanden: »Der Tod ist der Sünde Sold« *(Römerbrief 6,23)*. Ich sehe Ursache und Wirkung in einem umgekehrten Verhältnis und glaube: Weil wir wissen, dass wir sterblich sind, werden wir im Leben zu Sündern. Und zwar in dem Sinne, dass wir das Verhältnis zu unseren Mitmenschen beschädigen, ja, brutal, hart, rigoros und rücksichtslos gegen sie werden können, wenn sie uns bei Dingen in die Quere kommen, die uns wichtig sind. Dann hat die Geschwisterlichkeit, haben Fairness und das Wissen um die Rechte der anderen oft keine Einhalt gebietende Bedeutung mehr. Das ist eine schmerzhafte Erkenntnis – wenn wir sie denn überhaupt in unser Bewusstsein kommen lassen und nicht vorher verdrängen.

Wenn wir unsere Ziele einmal mit solch unfairen Mitteln erreicht haben, begreifen wir oft erst, welch großen Preis wir dafür bezahlen müssen. Denn wir haben nicht nur die

Achtung der anderen verloren, sondern auch die Selbstachtung – weil wir alles haben fahren lassen, was uns an Lebensweisheit und an Ethik wichtig ist. Auch das ist ein tiefer Schmerz, diese Erkenntnis, anderen und sich selbst die geschuldete Achtung schuldig geblieben zu sein. Natürlich gehen andere manchmal auch so mit *uns* um. Aber daraus erwächst keine Rechtfertigung für uns, dasselbe zu tun. Besser ist es, den Schmerz einer solch bitteren Erkenntnis auszuhalten, ihn als Warnsignal zu verstehen und beim nächsten Mal als Wegweiser in eine andere Entscheidung zu beachten.

Also gehört der Schmerz aus Einsicht zur Menschenwürde. Denn es gehört zum Menschsein hinzu, aus Fehlern lernen zu dürfen, auch daraus, dass wir anderen Achtung und Liebe schuldig geblieben sind. Als ich meine Frau – sie ist Psychotherapeutin – kennengelernt habe, war sie nicht in der Kirche. Als es dann einmal um die Frage ging, ob sie wieder in die Kirche eintreten würde, hatte sie eigentlich wenig Neigung dazu. Eins aber hat sie am Ende dann doch dazu gebracht. Sie hat es so formuliert: »In der Kirche darf man öffentlich Schuld haben«. Im öffentlichen Leben ist das anders: Politiker haben nie Schuld; Schuld haben immer die anderen – außer man wird durch das Aufdecken von Fakten dazu gezwungen anzuerkennen, dass man Schuld auf sich geladen hatte. Wir haben jedenfalls keine Kultur, in der man lernt, zu seiner Schuld zu stehen. Das ist zwar einerseits verständlich, weil es wehtut, Schuld eingestehen zu müssen. Andererseits aber unterstützt eine Kultur, in der alles Negative auf andere abgeschoben und das Positive für uns selbst reklamiert wird, Verdrängungsstrategien. Besser wäre ein Klima, in dem Menschen eingestehen können, einander vieles schuldig zu bleiben. Denn nur in einem solchen Klima kann man Ursachen und Folgen gemeinsam bearbeiten, die mit dem Schuldigbleiben verbunden sind.

Die Religionen haben unterschiedliche Wege gewiesen, wie mit dieser Art von Schmerzen, die wir im Zusammenhang der eigenen Schuld erleben, umzugehen ist. Bei Jesus, mit dem wir es ja wegen unserer Tradition vor allem zu tun haben, finde ich eine überzeugende Antwort auf das Schuld-Kapitel. Denn er hat uns Menschen mit der besonderen Würde ausgestattet, einander die Sünden vergeben zu können. Vergeben können ist für Jesus die äußerste Würde des Menschen, weil Vergebung eine menschliche Antwort auf die menschliche Schuld ist, die zu unserem Leben hinzugehört. Nach Jesus will Gott keine Vergeltung, sondern Vergebung als Antwort auf Schuld. Wo Schuld mit einem neuen Übergriff auf andere Menschen beantwortet wird, wird die Spirale der Schuld in Gang gehalten. Wir wissen aber aus der Verhaltensforschung, dass sich da, wo mit Vergebung auf Schuld geantwortet wird, die Kraft entfaltet, schuldiger Aggressivität einen Riegel vorzuschieben, sie zu entwaffnen. Das klappt zwar nicht immer erkennbar, und nicht immer sofort. Aber weil es nicht immer offensichtlich funktioniert, ist es noch lange kein schlechtes Mittel. Denn im Alltag entwaffnet die mit dem Verzicht auf Vergeltung verbundene Vergebungsbereitschaft im Allgemeinen und hilft dazu, dass Streitigkeiten nicht eskalieren.

Niemand muss aber Priester werden, muss sozusagen in Gottes Rolle schlüpfen, um den *Circulus vitiosus*, den ewigen Kreislauf von Schuld und neuer Schuld, von Gewalt und Gegengewalt, unterbrechen zu helfen. Das Revolutionäre bei Jesus war, dass er Vergebung aus dem Kult, aus dem besonderen Bereich, herausgeholt und in den zwischenmenschlichen Alltag eingeführt hat. Das Unser-Vater, das tägliche Gebet der Christen, ist dafür der beste Beleg *(Matthäus 6,9-13, besonders V. 12)*. Und damit ist Vergebung zu etwas Menschenmöglichem geworden, zu etwas, wofür jeder und jede Einzelne die nötige Kompetenz hat. Denn Jesus hat gewusst, dass das Leben schwer ist. Und die »Weisungen«, wie die Juden sagen, also die Gebote und Verbote, die Gott den Menschen in allen Religionen in dieser oder jener Form gegeben hat, sind nicht dazu da, uns zu Fall zu bringen oder als nichtswürdig zu erweisen. Jesu Grundregel spricht eine andere Sprache und lautet: »Die Weisungen Gottes sind *für* den Menschen gemacht, und nicht der Mensch für die Weisungen Gottes« *(vgl. Markus 2,27)*. Gott dient den Menschen, die er geschaffen hat! Das ist das Gottesbild Jesu und das Anti-Bild zu der Vorstellung, dass Gott der Allmächtige ist, der die Welt entweder als Puppenspieler in einem großen Marionettentheater dirigiert oder der so undurchschaubar mit den Menschen umgeht, dass sie nicht wissen, woran sie eigentlich mit ihm sind. Diese Form von Allmachtsvorstellung und Herrschaft hat Jesus zerstört.

Es ist mehr als beachtlich, von welchen Kräften Jesus in seiner Revolution *(Eugen Biser)* gestärkt worden ist. Von ihnen erzählt die Versuchungsgeschichte in der Version, die wir im Markusevangelium haben *(1,12f)*. Die Erzählung folgt auf die Taufe Jesu und berichtet, dass er vom Geist Gottes zu einem 40 Tage dauernden Aufenthalt in die Wüste geschickt worden ist. Der griechische Text sagt, er sei vom Geist aus der Kulturlandschaft »herausgeworfen« worden und hinein in die menschenleere Landschaft, wo er nun »mit den Tieren lebte«. Da, in dieser noch nicht zivilisierten Welt, begegnete ihm Satan, das Widergöttliche in uns also. Da sind Gedanken in ihm aufgekommen, die seine Berufung in Frage stellten, ihn durcheinanderbringen wollten, durch die alle Argumente noch einmal neu gemischt wurden. Doch alle Widerrede in ihm hatte keine Chance, denn, so schließt die knappe Notiz – »er war mit den Tieren, und die Engel dienten ihm«. Ich finde in dieser Notiz die Wiederbegegnung mit den Lebenskräften, die in jeder Zivilisation und Kulturlandschaft verloren zu gehen drohen: die Verbindung mit unserer kreatürlichen Herkunft, den Naturkräften, und mit dem Geist Gottes, der das Leben als großes Beziehungsnetz erhält und mit Energie erfüllt. Beide Lebenskräfte wirken am Anfang seines Weges auf Jesus ein.

Wenn es um unser Verhältnis zu den Tieren geht, kommt es darauf an, dass wir die Tiere wieder als unsere Mitgeschöpfe anschauen lernen. Aber es geht um mehr. Es geht auch darum, dass wir uns so verhalten, dass wir uns vor ihnen« wieder guten Gewissens »sehen lassen« können. Es geht um diesen Perspektivenwechsel. Und der ist nicht ohne Trauer und Schmerz über das zu haben, was wir den Tieren angetan haben und antun, um sie für unsere Zwecke auszubeuten. In *Rainer Maria Rilke*s Gedicht »Der Panther« ist von dieser Trauer und diesem Schmerz eine Menge zu finden. Das Gedicht beginnt: *Sein Blick ist vom Vorübergehn der Stäbe so müd geworden, dass er nichts mehr hält. Ihm ist, als ob es tausend Stäbe gäbe und hinter tausend Stäben keine Welt.* In diesem Gedicht ist der Perspektivenwechsel schon vollzogen; wir sehen durch die Augen des Panthers durch die Innenseite der Gitter. Er ist gefangen, wir, die Zoobesucher, sind frei. In der letzten Strophe des Gedichtes heißt es dann: *Nur manchmal schiebt der Vorhang der Pupille sich lautlos auf –. Dann geht ein Bild hinein, geht durch der Glieder angespannte Stille – und hört im Herzen auf zu sein.* Der Panther hinter Gittern hat kein Eigenleben mehr, das zu ihm gehörte. Er ist ein Musterexemplar, das von uns betrachtet wird. Und wenn Bilder in ihn fallen würden, die ihn noch einmal wild machten, würde er daran sterben, weil er sich an den Gittern zerreiben und zerreißen würde. Und also sterben die Bilder im Herzen ab, hören auf zu sein. Das ist die Perspektive, durch die Tiere die Welt in zivilisierten Gegenden wahrnehmen. Wir brauchen Gedichte wie Rilkes »Panther«, durch die wir uns und unsere Zivilisation aus der Tierperspektive anschauen lernen. Der Schmerz, den wir dabei empfinden, lässt uns wenigstens kurzfristig am Schmerz der Tiere teilhaben und dadurch ein Gefühl der Geschwisterlichkeit zu ihnen empfinden. Für Romantik aber ist kein Platz mehr.

Am Ende des 1. Kapitels fasse ich noch einmal zusammen: Das Wissen um unsere Sterblichkeit bereitet uns Schmerzen, an denen wir nicht vorbeikommen. Wenn wir begreifen, was wir begreifen müssen, dann finden wir auch Frieden mit diesem Leben: dass die Sterblichkeit letztlich eine Wohltat der Natur ist. Das klingt für die, die vielleicht gerade eine große Krankheit durchmachen, einen furchtbaren Schmerz aushalten müssen, weil sie einen lieben Menschen verloren haben, grausam, zumal damit ja auch die eigene Sterblichkeit ihre Boten aussendet. Aber trotzdem ist es wahr, dass die Sterblichkeit eine Wohltat der Natur ist, denn sie verhindert die Vergreisung des Lebens. Wir sind sterblich geschaffen, weil das Leben selbst dafür sorgt, dass wir nicht ewig leben, sondern dass sich das Leben verjüngen kann und nicht am eigenen Wachstum und Altern ersticken muss. Dadurch, dass wir sterblich sind, werden wir hineingenommen in eine große Transformation. Diesen Vorgang zu verstehen, hilft uns die moderne Astrophysik, wenn sie beobachtet, wie Sterne sterben und auf der Rückseite dieses Sterbens neues Leben entsteht. Auf der Rückseite des Todes vollzieht sich, für uns nicht erkennbar, eine Metamorphose.

Die Sterblichkeit ist letztlich die Voraussetzung dafür, dass am Anfang unseres Lebens Schöpfung geschieht und dass es am »Ende« in eine Neuschöpfung mündet, deren Gestalt wir nicht kennen. Jetzt kennen wir nur einen schmalen Ausschnitt vom Leben: Leben in der menschlichen Perspektive. Alles andere steht dahin, steht noch aus. Darum können wir auch die Bilder vom Leben, von Gott und uns, nicht für ewig in den Formen festschreiben, die uns die Antike überliefert hat. So unendlich viel dabei auch erkannt und verstanden worden ist: Das Ganze ist es nicht gewesen, sondern es enthält perspektivisch gebrochene *Zugänge* zum Lebensganzen, zu Gott und zum Sinn unseres menschlichen Lebens. Das Zeitbedingte, Kulturabhängige aber, das in die heiligen Schriften der Religionen zusammen mit den großen Gotteserfahrungen eingeflossen ist, hat keinen Anspruch darauf, unseren Glauben zu binden. Weder müssen wir die Frauen vom Priesteramt ausschließen, weil das in der Antike in vielen Religionen so war, noch müssen wir Krankheit und Sterblichkeit als Strafe für Ungehorsam ansehen, noch glauben, Vergebung gäbe es nicht ohne Blutvergießen. Theologie ist keine Reproduktion antiker Vorstellungen, sondern die heutige Wahrnehmung und Reflexion der Gegenwart Gottes als Geist und Liebe. Darum müssen wir zum Beispiel auch nicht der Johannesoffenbarung folgen und glauben, dass nur die Menschen gewürdigt sein werden, mit Gott über den Tod hinaus verbunden zu bleiben. Ich glaube: Alles Leben ist beseelt, zu Gott in Verbindung, und diese Verbindung wird sich wandeln, aber sie wird niemals aufhören – weder für Menschen, noch für Tiere, Pflanzen oder Sterne.

Aber auch das kann sehr schmerzhaft sein, Abschied nehmen zu müssen von Glaubensvorstellungen, in die man durch Bibel und Erziehung hineingewachsen war. Als ich die »Notwendigen Abschiede« geschrieben habe, habe ich diesen Schmerz gespürt, und auch danach. Denn auch alte Freunde kamen zu mir und sagten: »Du bist ein Mann der Kirche, wenn du auf die Kanzel steigst, musst du sagen, was die Kirche glaubt.« Aber ist die Kirche denn ein Museum, in dem antike Gotteswahrnehmungen und -vorstellungen ausgestellt werden, die wir unverändert nachsprechen müssen? Der Glaube an Gott, den heiligen Geist, sagt doch, dass Gott sich auch heute und inmitten der heutigen Welterfahrung zu erkennen gibt! Also müssen wir unseren Glauben zwar im Gespräch mit den alten Überlieferungen, aber doch selbst verantworten. Der Weg dahin ist mit Schmerzen verbunden, gewiss. Aber er führt in eine Freiheit des Glaubens, die aus der Übereinstimmung von Glauben und Denken kommt. Und diese Freiheit ist etwas Großes[12].

Damit genug von den Schmerzen, die zur Menschenwürde hinzugehören. Wenden wir uns nun einer ganz anderen Art von Schmerzen zu, die wir nicht akzeptieren können und sollen.

2. Schmerzen, die die Menschenwürde gefährden

In der ganzen Religionsgeschichte gibt es Beispiele für diese andere Art von Schmerzen: Der assyrische König *Assurbanipal* – er regierte 668–631 v. Chr. – hat eine Klage hinterlassen, die diesen Schmerz mit großer Kraft ausdrückt[13]. Er litt an Aussatz – und dies, obwohl er immer ein rechtschaffener Mann gewesen war. Und so schreit es aus ihm heraus: »Weshalb denn haben Krankheit, Missbefinden, Elend und Unglück mich befallen? Ich habe Gutes gegeben Göttern und Menschen, aber nun drücken mich Elend des Geistes und des Fleisches nieder. Mit Schreien und Klagen bringe ich meine Tage zu.«

Und *Hiob*, der große Leidende, sagt an einer Stelle *(Buch Hiob 30,16-21)*: »Und nun ergießt sich in mir meine Seele, Tage des Elends packen mich an, die Nacht bohrt an meinen Gebeinen, und meine Nager ruhen nimmer. Er (also Gott) hat mich in den Kot geworfen, wie Staub und Asche bin ich geworden. Ich schreie zu dir, doch du er-

---

[12] Diese Erfahrung habe ich in meinem Buch »Mehr Leben, bitte! Zwölf Schritte zur Freiheit im Glauben«, Gütersloh 2009, betont.

[13] Text bei: H. Schipperges, Homo patiens. Zur Geschichte des kranken Menschen, München, Zürich 1985, S. 48f.

hörst mich nicht, ich stehe vor dir, doch du achtest nicht mein; du wandeltest dich mir zum grausamen Satan, mit gewaltiger Hand befehdest du mich.« Gott als Satan! Zu solch einer Äußerung kann der Schmerz den Menschen bringen, dass er Satan an der Stelle Gottes sieht, wirklich außer sich gerät vor Schmerz, aus innerem Protest und manchmal auch Verzweiflung.

Ja, der schreckliche, peinigende, nicht endende Schmerz zwingt uns, nur noch auf uns selbst zu hören, auf das, was in uns ist und tobt. Immer wieder haben Menschen deshalb gesagt, dass ihre Schmerzen wahnsinnig seien bzw. sie wahnsinnig machen. Man gerät »außer sich«, aus jeder Fassung des Selbstverstehens heraus, und im Extremfall versucht man, den einen Schmerz dadurch zu übertönen, dass man sich einen noch größeren zufügt – sich zum Beispiel Haare vom Kopf reißt oder ins eigene Fleisch beißt. Weil das so ist, hat es schon in frühen Kulturen therapeutische Priester und Ärzte gegeben. Auch einige Götter und Göttinnen haben sich als besonders heilkräftig erwiesen. Der ägyptische Gott Osiris und seine Schwester Isis zum Beispiel, die Liebe als heilende Kraft in sich hatte. Isis hat diese Kraft genutzt, um Osiris, der von seinem Gegenspieler in 42 Teile zerrissen worden war, buchstäblich wieder zusammenzufügen. Hier ist Liebe die Kraft, die das, was auseinandergeraten ist, wieder zusammenfügen kann und eine solche Kraft hat, dass damit zum ersten Mal in der Religionsgeschichte Auferstehung geschieht. Osiris ist der erste, der aufersteht. Und im Ägyptischen hat »Grab« nichts mit Grube und Graben zu tun, sondern heißt »der Ort, an dem man aufersteht«. Denn alle wollten nach diesem Beispiel einmal den Weg des Osiris gehen und nach ihrem Tod durch Liebe wieder zum Leben erweckt werden.

Religionsgeschichtlich gesehen, hat Osiris damit das Tor geöffnet, durch das später Jesus nach dem Glauben der Christen in eine neue Form von Leben auferstanden ist.

Doch schon 500 Jahre vor Jesus glaubten die Griechen, dass der große Heilgott *Asklepios* auferstanden war, nachdem sein eigener Großvater Zeus ihn getötet hatte. Warum? Asklepios hatte als Schüler des Zentauren Chiron die Heilkunst gelernt. Und zwar so gut, dass es ihm eines Tages gelang, Menschen vom Tod aufzuerwecken. Das aber gefiel dem Göttervater Zeus gar nicht, weil Asklepios damit den Unterschied zwischen Göttern und Menschen zu durchbrechen schien. Und so tötete er Asklepios. Dass die Menschen später glaubten, er sei vom Tod auferstanden, heißt, dass sie sich ihn nicht nehmen lassen wollten. Sie wollten eine neue Generation von Göttern, die mit den Menschen und ihren Schmerzen mitleiden, ja, sie heilen können. Und so ist Zeus, den man auch getrost einen Macho-Gott nennen kann, erst von Apollon, der schon Heilzüge an sich hatte, und dann vor allen Dingen von Asklepios abgelöst worden. Bis heute ist der Stab, auf den sich Asklepios stützt und um den sich eine Schlange windet, das Symbol ärztlicher Heilkunst geblieben. Nach der latinisierten Version seines Namens heißt er Aeskulap-Stab. Asklepios als therapeutischer Gott hatte eine Frau neben sich, die ihm bei seinen Heilandsdiensten half: *Hygieia*. Auch ihr Name ist zum Symbol geworden: für Hygiene und Pflege, ohne die die Medizin nicht viel vermag.

Dieser Wechsel des Göttertypus war so bedeutend, dass der große Dichter *Sophokles* zum ersten Priester des Asklepios in Athen geworden ist. Er hat den neuen therapeutischen Gott aus Epidaurus nach Athen geholt und ihm in seinem Privathaus den ersten Altar gebaut. Seine Tragödien sind noch heute auf allen Bühnen zu finden, weil sich auch in ihnen dieser Wechsel hin zur Wahrnehmung der menschlichen Leiden und Schmerzen vollzieht. Es sollte Schluss sein damit, dass die Menschen als Spielbälle der Götter benutzt wurden. Eine der wichtigsten tragischen Gestalten des Sophokles, »Antigone«, ist eine Frau, die von

sich sagt, was Jesus auch hätte sagen können: »Nicht mit-
zuhassen, sondern mitzulieben bin ich da.« Denn allein
Liebe kann den Kreislauf von Hass und Gewalt durchbrechen. Von der »Antigone« sind wir heute noch ergriffen, genauso wie von der Jesusgestalt. Denn da sind Menschen
aufgetreten, die auf die Unbedingtheit der Liebe setzten,
die durch keine Leistung, kein Opfer, durch nichts verdient
werden muss, sondern sich des Leidens von Menschen
annimmt, einfach weil sie Hilfe brauchen.

Jesus hat einmal das Gleichnis vom Weltgericht erzählt
(Matthäus 25,31-45). Und ich erzähle es jetzt an dieser
Stelle kurz nach. Das Gleichnis vom Weltgericht sagt, dass
am Ende – das ist natürlich alles Bildersprache – die Schafe von den Böcken getrennt werden und nur die Schafe ins
Reich Gottes kommen. Lernen sollen wir von dem Gleichnis, welches Kriterium, welcher Maßstab darüber entscheidet, ob ein Mensch an Gottes Leben Anteil hat und behält
oder nicht. Diejenigen haben an Gott Anteil, sagt Jesus
durch den Mund des Königs, ›die mich, als ich krank war
und im Gefängnis gesessen habe, besucht haben, die mir,
als ich hungrig war, zu essen, und als ich durstig war, zu
trinken gegeben haben, oder die mir, als ich nackt war,
meine Blöße bedeckt haben‹. Aber diejenigen, die nun auf
einmal die Aussicht haben, in das Reich Gottes zu kommen, sind völlig überrascht und sagen: »Wann sollen wir
dich, den König, gespeist oder getränkt, im Gefängnis oder
auf dem Krankenlager besucht und wann deine Blöße bedeckt haben!?« Und dann kommt die Antwort: »Was ihr getan habt einem meiner geringsten Brüder, das habt ihr mir
getan.« Da Jesus dieses Gleichnis im Rahmen seiner Gottesverkündigung erzählt hat, geht es hier um nicht mehr
und nicht weniger als um eine Selbstidentifizierung Gottes
mit den Leidenden und Bedürftigen. Gott identifiziert sich
mit denen, die Zuwendung, Nähe, Heilung und Pflege von
anderen brauchen. Gott selbst ist liebebedürftig. So höre

ich es von Jesus. Das sagt natürlich Theologie normalerweise nicht, weil Gott angeblich nichts braucht und keiner
Zuwendung bedarf. Und trotzdem ist dies für mich die
größte Theologie. Denn hier wird in einer Weise glaubwürdig von Gott geredet wie nirgends sonst – außer wohl
im Gleichnis vom barmherzigen Samaritaner. Denn auch
dort sagt Jesus ja schon, dass es nichts Wichtigeres gibt, als
einem verwundeten und leidenden Menschen zu helfen.
Selbst die Aufgabe, einen Gottesdienst zu halten, muss hinter diesem Gebot zurücktreten *(Lukas 10,25-37)*.

Die Schmerzen und Bedürftigkeiten der Menschen sprechen eine deutliche Sprache. *Hans Jonas* hat in seinem
Buch »Das Prinzip Verantwortung«[14] zu Recht behauptet,
dass jedes neugeborene Kind »unwidersprechlich« ein »Soll
an die Umwelt richtet, nämlich: sich seiner anzunehmen.«
Man könne dieser unausgesprochenen und dennoch un-
widersprechlichen Aufforderung durch allerlei Ausflüchte
zwar widerstehen, aber nicht wirklich entfliehen. Denn die
offenbare Hilfsbedürftigkeit hat eine unmittelbare Evidenz
bei sich und bedarf nicht einmal des Hilferufes, um verstanden zu werden. So ist es mit denen, die unter grausamen Schmerzen leiden, auch. Sie zu Gesicht zu bekommen, heißt, jenes Soll zu begreifen, unwidersprechlich.
Ethisch reicht es aber nicht, dass wir kluge Reden darüber
halten, dass wir dem unter die Räuber Gefallenen helfen
müssen. Vielleicht ist heute manchmal wichtiger zu fragen,
ob wir an der Räuberei teilhaben, die angesichts unserer
Wirtschaftsstrukturen wohlanständig getarnt daherkommt.
Vielleicht sind wir an der ausbeutenden Räuberei in den
Billiglohnländern ja nicht unmittelbar beteiligt, aber mittelbar auf Schritt und Tritt?

Diese Einsicht gehört heute, wo wir vieles über die
raffinierten Wege zur Steigerung des Gewinns wissen, zur

---

[14] Frankfurt/Main 1979, S. 234f.

Vorsorge hinzu: dafür zu sorgen, dass möglichst wenige unter die Räuber, unter uns Räuber, fallen. Diese Vorsorge kann auch die Gestalt von Seligpreisungen annehmen, wie wir sie in der Bergpredigt Jesu haben *(Matthäus 5,3-9)*. Da sagt er zum Beispiel: »Selig sind die Sanftmütigen, denn sie werden im Land den Ton angeben«. Oder er spricht denen, die in ihrer Umgebung Frieden stiften, zu, Gottes Töchter und Söhne zu sein. Jesus setzt dort den Gottessohn-Titel in den Plural, behält kein Privileg für sich, weil er will, dass möglichst viele Menschen die Wohltat des Friedens erleben sollen. Und die fängt an, wo Menschen einander vergeben, freigeben aus dem, was sie Menschen, Tieren, Pflanzen und in allem Gott schuldig geblieben sind.

Ich schließe mit einem Blick, der sich noch einmal auf die Tiere richtet. Auch Tiere leiden unter Schmerzen. Es ist schlimm, dass sich René Descartes (1596–1650) in seiner Wahrnehmung der Tiere so furchtbar verrannt und sie als Maschinen bezeichnet hat. Tiere kennten keinerlei »émotions de l'âme«, keinerlei Gefühle der Seele. Denn sie haben ja – schon nach christlicher Auffassung – keine Seele, und folglich auch keine seelischen Regungen. Sie haben kein Bewusstsein, keine Gedanken, keine Gefühle. Was für uns so aussehe wie eine Schmerzempfindung, sehe eben nur so aus, stamme in Wirklichkeit aber aus *unserer* Empfindung, sei, modern gesprochen, nichts als Projektion. Descartes' Provokation hat die Wahrnehmung der Tiere in der Aufklärung stark beeinflusst und lange nachgewirkt. Ja, im industriellen Umgang mit den Tieren wirkt seine Sicht immer noch nach. Denn behandeln wir Tiere in der Nahrungsmittelindustrie wirklich ganz anders als Maschinen? Geht es nicht im Prinzip, zum Beispiel bei Kühen, so zu: Vorne Futter hinein, unten Milch und hinten Biomasse heraus und am Ende Fleisch für Topf oder Pfanne oder zumindest Pressfleisch und Katzenfutter? Sind das keine nützlichen Maschinen? Diese Art, die Tiere zu verwerten, hat nur um einen Preis möglich werden können: Um den Preis, ihnen die Seele und das Schmerzempfinden wegzunehmen. Es ist Zeit, ihnen beides zurückzugeben und den Preis dafür zu zahlen, der gezahlt werden muss: die Umstellung unserer Ernährung.

Als tröstlich empfinde ich eine Perspektive auf die Tiere, die sich sowohl von Descartes als auch von der jüdisch-christlichen Tradition wohltuend abhebt. Sie findet sich im Islam. Im Koran werden in Sure 6,38 Tiere und Menschen gleichgestellt, insofern beide Gemeinschaften bilden: »Es gibt keine Tiere auf der Erde und keine Vögel, die auf ihren Schwingen dahinfliegen, die nicht Gemeinschaften wären so wie ihr.« *Adel Theodor Khoury* hat zu dieser Stelle folgende Fußnote verfasst: »Einige muslimische Kommentatoren sehen die Ähnlichkeit der Tiere mit den Menschen darin, dass sie als Gemeinschaften leben und sich vermehren und Gegenstand der Fürsorge Gottes sind, oder dass Gott die Schicksale der Tiere wie die der Menschen in seinem himmlischen Buch festgelegt hat, dass er sie auferwecken wird und ihnen wiedergutmachen, was ihnen von ihren Rechten im irdischen Leben vorenthalten wurde.«[15] Vorenthalten wird ihnen immer noch die Anerkennung ihrer eigenen Schöpfungswürde, und das heißt: dass Tiere beseelt sind wie wir und eine eigene und unmittelbare Gottesbeziehung haben. Alle übrigen Defizite in unserer Wahrnehmung der Tiere rühren daher.

---

[15] Der Koran. Arabisch-Deutsch. Übersetzt und kommentiert von A. Th. Khoury, Gütersloh 2004, S. 212f., zu Sure 6,38. Leider klärt Khoury nicht über jene Fundstellen auf, die er anspricht.

»Furcht und Schrecken vor euch komme über alle Tiere!«
Das Tier im Machtbereich des Menschen

1. Theologische Kritik unserer biblischen Überlieferungen

1.1. Die Beziehung zu den Tieren wird durch Identifizierung mit ihnen oder durch ihre Andersartigkeit bestimmt

In einer Rundfunksendung hat *Renate Genth*[16] von einer für uns Menschen »lebenswichtigen Bedeutung von Tieren« gesprochen. Damit meinte sie nicht, dass Tiere für unsere Ernährung unverzichtbar wären. Sondern es ging ihr um eine für das Selbstverständnis und Überleben der Menschen notwendige *Beziehung* zu den Tieren. Sie stützte sich dabei auf eine Aussage von *Elias Canetti*:

»Jede Tierart, die stirbt, macht es weniger wahrscheinlich, dass wir leben. Nur angesichts ihrer Gestalten und Stimmen können wir Menschen bleiben. Unsere Verwandlungen nützen sich ab, wenn ihr Ursprung erlischt.«

Canetti hat das Menschliche am Menschen gerade in unserer Fähigkeit gesehen, uns zu verwandeln und unsere Grenzen zu transzendieren, indem wir uns in den Augen von anderen sehen, die nicht wieder Menschen sind. Dazu gehören natürlich seit je die Götter, aber eben auch die Tiere. Nach Canettis Einsicht hängt diese Fähigkeit davon ab, dass unsere Lebensdeutung von der Fülle und Attraktivität der Gestalten des Lebens in unserer Umwelt angeregt wird. Wir brauchen nicht-menschliche Gegenüber auf der Erde, damit unsere Phantasie zur Überschreitung der eigenen Lebensgestalt, zur Metamorphose, zum Gestaltwandel, bewegt werden kann. Stünden wir eines Tages nur noch

---

[16] Im Sender NDRKultur am 3. Juni 2007, 8 Uhr 40, in der Reihe »Glaubenssachen«.

uns selbst gegenüber, und wären die Schätze der Erinnerung verbraucht, bliebe uns nur noch der Narzissmus, die permanente Selbstbetrachtung und -verliebtheit. Und das wäre – um es in Anlehnung an Ernst Bloch[17] zu formulieren – das Ende des *experimentum hominis*.

Der schöne Satz von *Martin Buber*, dass das Ich am Du, also am Gegenüber, *wird*, gilt zwar zuerst für das Gegenüber von Mensch und Mensch. Beispielhaft dafür ist, wie schon erwähnt, der Erkenntnisschub, den Adam im Paradies erlebt hat, als er sich Eva gegenübersah. Nach der zweiten Schöpfungsgeschichte war er bis dahin nämlich nur *Adam*, auf Deutsch: ein »Erdling«. Nachdem er Eva gesehen hatte, wusste er, dass er der männliche Mensch (*isch*) ist und sie die weibliche »Menschin« (*ischa*: *1. Buch Mose 2,23*). Trotz des berühmten kleinen Unterschiedes zwischen beiden ist ihr Verhältnis, was die Gattung angeht, durch eine *Beziehung der Identität* bestimmt. Und so kann im Hebräischen die Vereinigung von Mann und Frau anstatt des bei uns eingebürgerten, höchst irreführenden Wortes »Beischlaf« sehr viel weiser als ein gegenseitiges »Erkennen« bezeichnet werden *(1. Buch Mose 4,1)*.

Einen – wenn auch anderen – Zuwachs an Selbstverstehen hatte Adam aber schon vor der Begegnung mit Eva erlebt, als Gott ihm alle Tiere des Feldes und der Luft vorgeführt hatte, damit er ihnen Namen gebe. Darin kann man natürlich einen Herrschaftsakt des Menschen sehen. Zwingend ist das aber nicht. Denn ich deute diese Stelle sehr viel vorsichtiger, nämlich als einen Hinweis auf frühe Praktiken in den Hochkulturen wie Ägypten und Mesopotamien, in denen es Namensverzeichnisse der damals jeweils bekannten Tiere gab[18]. Alle darin verzeichneten Na-

---

[17] Gemeint ist Blochs Spätwerk: Experimentum mundi. Frage, Kategorien des Herausbringens, Praxis, Frankfurt/Main 1975.
[18] Art. Tier- und Pflanzenkunde, in: Der neue Pauly, Bd. 12,1, Stuttgart/Weimar 2002, Sp. 542-549.

men sagen mit dem jeweiligen Gattungsnamen zugleich immer, dass es sich dabei um Wesen handelt, die *keine Menschen* sind. Am Ende dieser Prozedur stellt Adam fest, dass er in den Tieren »keine Hilfe [gefunden hat], die zu ihm passt« *(1. Buch Mose 2,19-20)*. Diese Hilfe zum Leben wird dann erst Eva sein, die »Menschin«.

Und trotzdem ist auch die namengebende Begegnung mit den Tieren ein großer Gewinn für ihn: Der Mensch weiß nun, dass er auf der Erde Mitgeschöpfe hat, die *vor ihm da* waren. Und er erkennt auch, dass die Tiere, die sich ganz oder teilweise auf der *Erde* bewegen, trotz vieler Gemeinsamkeiten mit ihm *andere* Lebewesen als er selbst sind und auch zum Teil ganz andere Bedürfnisse haben. Da man am Gegenüber lernt, wer man ist, hatte Adam die Aufgabe, zu lernen, was es heißt, *Mensch* zu sein und zugleich *Nicht-Tier*. Es ging um die Erfahrung der *Andersartigkeit* (Alterität). Dass das manchmal eine schwere Einsicht war, ja, eine schmerzliche, leuchtet sofort ein, wenn man bedenkt, dass alle Tiere uns Menschen mit irgendwelchen Eigenschaften, die sie haben, übertreffen. Ausnahmslos alle, behaupte ich. Und so verwundert es nicht, dass es in Griechenland und anderswo Mischwesen von Menschen und Tieren gab, die Sphingen und die Zentauren etwa, und in Ägypten – wie im Hinduismus bis heute auch – Götter, deren Köpfe vor allem von jenen Tieren stammen, deren Fähigkeiten von den Menschen besonders bewundert und beneidet werden.

Wenn man übrigens will, kann man in jener Namensgebung durch Adam, den vormenschlichen »Erdling«, auch eine entwicklungsgeschichtlich bedeutsame symbolische Trennungsszene sehen: Erst durch die mit der Namensgebung festgeschriebenen Unterschiede zwischen dem Menschen und den Tieren wird auch die grundsätzliche Andersartigkeit festgeschrieben. Sie bestimmt die Beziehung zu den Tieren und sorgt dafür, dass die Fortpflanzung beider Arten von Lebewesen nicht – nicht mehr? – promiskuitiv, sondern streng getrennt vor sich geht. Diese Regel war deshalb bedeutsam, weil Menschen und bestimmte Tiere sowohl in der Zeit der nomadischen Nichtsesshaftigkeit als auch nach dem Sesshaftwerden in großer Nähe miteinander gelebt haben.

Typisch für diese Nähe ist die Beziehung zwischen *Hirt und Herde* bzw. *Hirt und Schafen.* Alle drei Begriffe finden wir häufig in der Bibel, häufiger im jüdischen Tenach natürlich als im griechischen, christlichen, Teil unserer interreligiösen Bibel. Denn die Stämme Israels hatten eine reiche Erfahrung aus dem Dasein als Kleinviehnomaden sammeln können. Von den ersten Christen wohnten dagegen viele schon in Städten. Nicht zuletzt in der Poesie des 23. Psalms spiegelt sich diese nomadische Lebenserfahrung wider, in der Mensch und Tier sehr nah beieinander sind, ja, in der der Mensch sich in vielen Grundbedürfnissen mit denjenigen der Tiere identifiziert.

Was diese *Beziehung durch Identifizierung* angeht, so lässt sich vielfach zeigen, wie stark das Band ist, das insbesondere Viehzüchter und Zuchttiere verbindet. Ihr Schicksal ist aneinander gebunden, und die Beziehung zwischen beiden ist die Grundlage ihrer Kultur. Der Hirte kann ohne die Herde nicht leben, und die Herde nicht ohne Hirten. Beide leben von der Gemeinschaft, die sie bilden. Auf der Seite der Menschen gilt deshalb für »Viehzüchter jeder Art, Nomaden oder Sesshafte, reine Hirten oder Viehzüchter mit Ackerbau«, dass »der wichtigste Aspekt der Kultur, auch im religiösen Bereich, in der identifizierenden Beziehung zwischen Mensch und Zuchttier besteht.« Insbesondere muss der Hirte seinen Lebensrhythmus an den der Tiere anpassen. Obwohl das Maß an Identifizierung hinter demjenigen zwischen Menschenpaaren zurückbleibt, kann trotzdem von einer Art symbiotischer Lebensgemeinschaft gesprochen werden. Nach außen hin

verteidigt der Hirte mit seinen Helfern das Leben der Schafe *(Psalm 23,4)*. Und der »gute« bzw. »wahre Hirte« setzt,
wie die Bildrede vom »guten Hirten« im Johannesevangelium sagt, im Extremfall sogar sein Leben aufs Spiel, um
ein bedrohtes Schaf zu retten *(10,11-15)*.

Entscheidend ist, dass aus der Beziehung der Identifizierung mit den Zuchttieren die Norm erwachsen ist, »dass
die Tötung eines Tieres zu profanen Zwecken völlig negativ bewertet wird.« Das Töten von Tieren war bei frühen
Viehzüchtern nur erlaubt, wenn es um ein Fest oder um
ein Opferfest mit gemeinsamem Mahl ging[19], also um eine
Ausnahmesituation, an der immer die ganze soziale Gruppe partizipierte. Von einer Privatisierung des Tötens kann
also lange keine Rede sein, auch nicht zum Zweck der Ernährung.

Aber neben den Kulturen, die durch Tierzucht und eine
Beziehung der Identifizierung mit den Tieren bestimmt
waren, gab es lange Zeit und gibt es vereinzelt immer noch
Jägerkulturen. In diesen Jägergesellschaften[20] wird das Tier
niemals als Wesen angesehen, über das der oder die Jäger
frei verfügen könnten, das ihnen als Speisezufuhr gewissermaßen zustünde oder gar gehörte. Die Tiere gehören
vielmehr einer »Herrin« oder einem »Herrn der Tiere«, mit
dem man es bei der Jagd folglich immer auch zu tun hat.
Die Tiere gehören zu einem anderen, einem heiligen Sein,
einem Bereich der *Alterität, des kategorial Anderen*. Entsprechend wird die Jagd als ein Sakrileg, als unrechtmäßige
Aneignung eines Gutes bewertet, das zum außermenschlichen Bereich gehört. Aus dieser Bewertung folgen Riten,
die vor allem nach der Jagd befolgt werden müssen. Sie
drücken die Ehrerbietung gegenüber dem Herrn oder der

---

[19] M. Massenzio, Art. Tier, in: Handbuch religionswissenschaftlicher
Grundbegriffe, Bd. V, Stuttgart, Berlin, Köln 2001, S. 199-206, hier:
203.
[20] Bei M. Massenzio, a. a. O., S. 200.

Herrin der Tiere aus, indem ihnen am Beginn des Mahles Opfer vom Tierfleisch dargebracht werden; zum Teil drücken die Riten aber auch die Schuld aus, die gegenüber dem Tier empfunden wird, und laufen dann oft auf eine Art »Unschuldskomödie«[21] hinaus, durch die die Tötung als Zufall oder als vom Tier selbst verschuldet erscheinen soll. Immer aber werden Schädel und Langknochen – unzerbrochen![22] – aufbewahrt, damit die Herrin oder der Herr des Lebens daraus wieder ein neues Tier werden lassen und so den Bestand an Tieren aufrechterhalten kann. Beim Töten wird jede Art von unnötigem Leiden vermieden, und es wird nur so viel getötet, wie die Gemeinschaft zum Leben braucht. Darin drückt sich ein Pakt mit den außermenschlichen Wesen aus, »die über die Welt der Jagd herrschen«. Dieser Pakt und seine Riten sollen jede Form von Jagdfrevel eindämmen.

Bei den Jägergesellschaften kann nur von einer durch die *Andersartigkeit* der Tiere bestimmten Beziehung die Rede sein. Denn zwar braucht der Mensch die Tiere, aber die Tiere brauchen den Menschen nicht. Trotzdem ist auch diese Beziehung eine emotional wie moralisch sehr tiefgehende. Und das bedeutet, dass auch hier das Töten der Tiere nicht freigegeben wird, sondern eine Grenzüberschreitung darstellt und restriktive Jagdregeln sowie Opfergaben für die außermenschlichen Mächte verlangt, denen die Tiere gehören.

Wie weit sich der Gedanke, dass Tiere kategorial andersartig sind als Menschen und Kontakt zu außermenschlichen Mächten haben, verbreitet hat, möchte ich an zwei Beispielen belegen. Zum einen daran, dass in vielen Bereichen die sogenannte *Eingeweideschau* praktiziert worden

---

[21] Vgl. dazu W. Burkert, Wilder Ursprung. Opferritual und Mythos bei den Griechen, Berlin 1990, S. 22f.

[22] Vgl. die Nachwirkungen dieses Brauches noch Johannes 19,36 nach dem Tod Jesu!

ist: Am Zustand und der Lage der inneren Organe geschlachteter Tiere wurde abgelesen, ob bestimmte Vorhaben von einzelnen Menschen oder ganzen Gesellschaften unter einem günstigen oder ungünstigen Omen standen[23]. Die dabei gewonnenen »Daten« konnten mit astrologischen Ergebnissen verbunden werden. Zum anderen gehen viele Forscher bis heute davon aus, dass bestimmte Tiere aufgrund plötzlicher Verhaltensänderungen, die als Flucht verstanden werden, unmittelbar bevorstehende Gefahren von Naturgewalten anzukündigen vermögen.

1.2. Das Leben der Tiere im Machtbereich des Menschen heute

Bedenken wir diese kulturgeschichtlichen Daten, so ist es umso erschreckender, was die eingangs schon zitierte Renate Genth an summarischer Beschreibung der heutigen Situation formuliert hat:

Sie spricht davon, dass »Tieren gegenüber…eine Sklavenhaltergesellschaft« praktiziert wird: »Tiere sind Nutzsklaven in der Landwirtschaft und werden in Tiertransporten als fleischtragende Schlachtkörper misshandelt; sie sind Affektableiter in städtischen Wohnungen; Anschauungsmaterial in Zoologischen Gärten; experimentelle Substanz in Tierversuchen. Die freien Tiere werden gejagt, wenn sie – tot oder lebendig – auf dem Markt zu verkaufen sind. Und je weniger sie an Art und Zahl erscheinen, desto geeigneter werden sie für die sehnsüchtige Phantasiewelt der Werbung.«

Diese Beschreibung ließe sich mit vielen weiteren Fakten fortsetzen, die davon reden könnten, wie schlimm es Tie-

---

[23] Vgl. dazu den vortrefflichen Band: B. Janowski / G. Wilhelm (Hg.), Omina, Orakel, Rituale und Beschwörungen (TUAT NF 4), Gütersloh 2008, S. 16-29: Texte aus Mesopotamien.

ren im Machtbereich des Menschen zumeist geht. Nun müssen wir zwar anerkennen, dass es auch viele Beispiele für ein – neues – positives Verhalten Tieren gegenüber gibt. Und es gibt auch viele Menschen, die als Einzelne oder in Organisationen für eine Neubewertung der Tiere gerade im christlichen Bereich kämpfen – und auch schon viel erreicht haben. Und trotzdem ist doch nicht zu leugnen, dass vor allem diejenigen Tiere, die im weiteren Sinn zu den Nutztieren gehören, als Sklaven von uns Menschen gehalten, ausgebeutet und als Wesen ohne eigene Würde behandelt werden. Sie sind Opfer einer »schwarzen Ethik«, die Tiere in die absolute Verfügungsgewalt der Menschen gegeben sieht und sie »versachlicht«, zu Sachen gemacht hat. Und diese schwarze Ethik ist die Rückseite des *Anthropozentrismus* – also eines Denkens, das den Menschen im Mittelpunkt des Lebens und mit einer prinzipiellen Vorrangstellung gegenüber allen anderen Wesen ausgestattet sieht. »Denn: nur Menschen sind unsterbliche Wesen.« *Eugen Drewermann* hat zu Recht betont, wie stark die Lehre von der unsterblichen Seele den Anthropozentrismus gefördert und die Benachteiligung der Tiere begründet hat[24].

Entscheidend ist für mich die Frage, wie es zu der Herabwürdigung der Tiere im Machtbereich des Menschen und zu ihrer Versachlichung hat kommen können. Denn beide frühen Grundtypen der Beziehung von Menschen zu Tieren – die Identifizierung mit ihnen und die Beziehung auf der Basis der Andersartigkeit – hätten ja eigentlich etwas anderes erwarten lassen. Die Fähigkeit des Menschen, Tiere töten zu können, kann jedenfalls nicht alles erklären, was sich entwickelt hat. Darum frage ich im Folgenden nach Faktoren, die die Entwicklung des Verhältnisses der Menschen zu Tieren negativ beeinflusst haben. Von ihrer Kenntnis her kann dann auch besser nach Mo-

---

[24] E. Drewermann, Über die Unsterblichkeit der Tiere. Hoffnung für die leidende Kreatur, Düsseldorf 2006, S. 28-30 u. ö.

dellen Ausschau gehalten werden, die einer tierwürdigen Ethik dienen. Solche Modelle müssen jedenfalls über ethische Appelle hinausgehen.

1.3. Was das Verhältnis von Menschen zu Tieren negativ beeinflusst hat

Vorab möchte ich betonen, dass die uns beschäftigende Frage in Zusammenhänge führt, die je nach kulturellem Hintergrund unterschiedlich ausfallen. Denn wo es um Vorstellungen vom Tier geht, geht es auch um Vorstellungen vom Menschen – und nicht zuletzt von Gott. Das verlangt – schon wegen der Grenzen der eigenen Kompetenz –, dass ich mich auf das konzentriere, was uns durch unsere kulturell-religiösen Überlieferungen und durch wissenschaftliche Beobachtungen zugänglich ist. Gerade im Blick auf die Ergebnisse der Wissenschaften, auch der Theologie, ist allerdings große Vorsicht geboten. Denn kaum etwas ist so eurozentristisch, also auf europäische Denkansätze fixiert, wie unsere Wissenschaften. Theologisch bedeutet das, dass die eurozentristische theologische Wissenschaft auf biblische Vorstellungen in europäischer Auslegung fixiert ist und ihnen eine Art heiliger Priorität zugesteht. Dass das auch das so genannte »erkenntnisleitende Interesse«, also schon die Fragestellungen und Wahrnehmungen, der Wissenschaft einengen kann, lässt sich vielfältig belegen. Zwei Beispiele sollen für viele stehen. Zum einen: Wie ein Literaturbericht zum Thema »Bioethiken religiöser Traditionen« in der theologischen Zeitschrift »Verkündigung und Forschung«[25] zeigt, gehören Tiere offenbar nicht zu dem Bereich des Lebendigen, mit dem sich Bioethik befasst. Leben ist hier ausschließlich menschliches Leben.

---

[25] J. Schlieter, Bioethiken religiöser Traditionen, in: VuF 53/2008, S. 26-42.

Und zum anderen enthält ein als Standardwerk gedachtes Buch über »Das soziale Umfeld des Neuen Testaments«[26] weder im Register das Stichwort *Tier(e)* noch ein entsprechendes Kapitel, obwohl das Leben auf dem Land und in der Stadt untersucht wird. Selbst in dem Abschnitt »Palästina / Die Bauern« kommt das Wort *Tier* nicht einmal vor. Nur bei der Beschreibung des Opferrituals *Taurobolium*, bei dem ein Myste sich in einer Grube von dem Blut eines über ihm ausblutenden Stieres (oder Widders) benetzen ließ, kommt einmal ein Tier vor – als Opfertier. Damit sind wir schon bei der ersten Gruppe von Faktoren: den religiösen Überlieferungen und den von ihnen ausgehenden Prägungen der Wahrnehmung und des Bewusstseins.

1.3.1. Religiöse Überlieferungen

Ich beginne mit den religiösen Überlieferungen, weil der Umgang mit Tieren schon in vorbiblischer Zeit von religiösen Riten, vor allem bei Opfern, begleitet war.

a. Vor allem die Tieropferpraxis hat dafür gesorgt, dass die Tiere des göttlichen Schutzes beraubt und der Schreckensherrschaft der Menschen ausgeliefert werden

Religionsgeschichtlich gehe ich davon aus, dass es Menschen- und Tieropfer, zumindest im Mittelmeerraum, in frühgeschichtlicher Zeit *nebeneinander* gegeben hat. Menschenopfer dienten in Ausnahmezeiten als letztes Mittel, um große Gefahren abzuwenden. Tieropfer wurden teils als Dank-, teils als Bundes- oder Sühnopfer dargebracht, in Israel bis zur Zerstörung des Jerusalemer Tempels 70

---

[26] J. E. Stambaugh / D. L. Balch, Das soziale Umfeld des Neuen Testaments (NTD Ergänzungsreihe Bd. 9), Göttingen 1992, S. 87f. 133.

n. Chr. Von einem gewissen Zeitpunkt an wurden – auch in Israel praktizierte – Menschenopfer (vor allem Kinderopfer) ganz durch Tieropfer ersetzt. Davon erzählt die kulturelle Schwellengeschichte 1. Buch Mose 22,1-14, die Erzählung von der begonnenen, aber nicht zu Ende geführten Opferung Isaaks, des Sohnes Abrahams. Statt an Isaak wird das Opfer dann an einem Widder vollzogen, den Gott Jahwe selbst in die Opferszene geschickt hatte. Das Signal ist klar: Gott Jahwe wollte keine Menschenopfer mehr, obwohl er sie bis dahin (auch) gewollt hatte. Da am Grundsatz festgehalten wurde, dass blutig geopfert werden musste, blieb als Rückseite des erwachenden Mitgefühls mit den einzelnen Menschen nur der Übergang zum Tieropfer.

Zu einer blutigen Opferpraxis gehören ein entsprechendes Menschen- und Gottesbild und eine empfundene Notwendigkeit. Im alten Israel, von dem aus vieles geprägt worden ist, was wir heute als christliche Denkgewohnheit haben, ist Gott Jahwe der Schöpfer und Herr des Lebens. Altem Jagdrecht entsprechend, hat er ein *Recht auf die Erstgeburt*. 2. Buch Mose 13,1 klingt das so: »Danach sprach der Herr zu Mose: Weihe (Opfere) mir alle Erstgeburt bei den Israeliten, alles was zuerst den Mutterschoß durchbricht, unter den Menschen und unter dem Vieh; mir gehört es!« »Es« ist das Leben überhaupt, das in diesem Gesetz durch das erste Kind / das erste Tierjunge repräsentiert wird. Das Leben gehört also Gott Jahwe.

Vereinfacht gesagt geht es im jüdischen Sühnopferkult darum, dass die universale Gerechtigkeit Gottes es verlangt, dass offenbare und verborgene Verstöße (Sünden) der Menschen gegen göttliches Gebot gesühnt werden *müssen* – ab einer bestimmten Klassifizierung der Verstöße durch Vergießen von Menschenblut und ersatzweise von Tierblut. Dabei geht es primär nicht ums Töten, sondern um die Sühnekraft des Blutes, des *spiritus vitalis*, des »Lebenssaftes«. Das darin herrschende Muss bzw. die empfundene Notwendigkeit besagt: Es gibt todeswürdige Schuld, die nur adäquat, also durch den Verlust des Lebens des Schuldigen, gesühnt werden kann. Erst dann ist die Gottesbeziehung als die Lebensbasis der Gemeinschaft, in der der schuldige Mensch lebt, nicht mehr durch Gottes Zorn gefährdet. Um den Sünder leben zu lassen, muss das Blut eines anderen Lebewesens vergossen werden. Denn das Opfertier übernimmt im Sühnopfer die Schuld des Menschen. Wie aber konnten Tiere, zu denen die Menschen sowohl als Jäger wie als Viehzüchter und Ackerbauern doch eine intensive Beziehung hatten, überhaupt zu Opfern, zu Sündenböcken, werden? Denn das *Recht*, Tiere zu töten, hatte bei Naturvölkern die Herrin oder der Herr der Tiere selbst und – was biblische Traditionen angeht – in Israel der Schöpfergott Jahwe.

Die Frage verschärft sich angesichts des ersten Schöpfungsberichtes. Seetiere und Vögel zuerst *(1. Buch Mose 1,22)* und dann die Menschen erhalten *beide* den göttlichen Segen und Auftrag, sich zu mehren und die Erde zu füllen. Die Menschen sollen sich darüber hinaus die Erde untertan (dienstbar) machen *(1,28a)*, über alle Tiere zu Wasser, zur Luft und zu Lande *herrschen (1,26b.28b)*. Doch es gibt eine Grenze: Seine *Speise* sollen Tiere *nicht* sein, sondern ausschließlich *Pflanzen (1,29)*. Ja, in dieser Art der Ernährung sollen Menschen und Tiere *gleich* sein *(1,30)*. Diese Ordnung fand Gott selbst »sehr gut« *(1,31)*. Tiere und Menschen sind beide sterblich geschaffen, ihr Leben hängt vom Lebensodem des Schöpfers ab, den sie auf Zeit in sich haben. Ernähren sollen sie sich von den Pflanzen. Von Opfern ist in dieser paradiesischen Ordnung natürlich keine Rede.

Der einzig wirklich weise Kommentar, der zu dem Verhältnis von Menschen und Tieren in der Bibel zu finden ist und noch aus dem Geist dieses Anfangs geschrieben wurde, steht meiner Meinung nach bei Kohelet 3,19-21: »Denn das Geschick der Menschenkinder ist dem Geschick des Tieres gleich; *ein* Geschick haben sie beide. Wie dieses stirbt, so sterben auch jene, und *einen* Lebensodem haben sie alle. Der Mensch hat vor dem Tier keinen Vorzug. Denn *alle* gehen an einen Ort zurück; alle sind sie aus Staub (der Erde) geworden, und alle werden sie wieder zu Staub. Wer weiß, ob der Odem der Menschenkinder emporsteigt und der Odem des Tieres aber hinabfährt zur Erde?«

So viel zu den paradiesischen Zuständen, die auch die vorsintflutlichen sind. Ich brauche diesen Begriff nur auszusprechen, und schon ist klar: Das ist nicht unsere, nicht die nachsintflutliche, nicht die »moderne« Ordnung! »Vorsintflutlich« ist unmodern! Modern ist, was sich nach dem Quantensprung Sintflut, in der Menschen und Tiere gemeinsam ersäuft worden sind, als neue Ordnung etabliert hat. Schriftlich ausformuliert ist sie erst *nach* dem babylonischen Exil und der tempellosen Zeit in Israel. Als der neue, zweite Tempel gebaut und die blutigen Opfer wieder eingeführt worden waren, musste nach antiker Praxis auch der blutige Opferkult wieder aufgenommen werden. In die Erzählung vom Bruderneid und -mord *(1. Buch Mose 4,1-8)* hinein hat die jüdische Tenach-Redaktion gewissermaßen subkutan die Anweisung eingeflochten, wie in Israel (nun wieder) geopfert werden soll: nicht wie Kain, der spätere Mörder, der als Städter *(4,17-22)* schon unblutig Feldfrüchte geopfert hatte, sondern wie Abel. Denn Abel opferte ordentlich (*rite*) gemäß den Opfervorschriften der (priesterschriftlichen) Opfertheologie – nämlich *blutig*. Deshalb, sagt der Text, den wir heute in der Bibel haben, hat Gott Jahwe Abels blutiges Opfer angenommen und Kains unblutiges Opfer verworfen: Kain hat falsch geopfert. Kein Wunder, dass er zum Mörder wurde – heißt die Lektion.

Diese neue und zugleich alte Opfertheologie aber verlangte gegenüber der Schöpfungsgeschichte einen prinzipiellen Kurswechsel im Umgang mit den Tieren. Denn nun wurden Tiere in großer Zahl als Opfertiere gebraucht. Doch die neue Opfertheologie stellte auch die Basis für einen Wechsel in der Ernährung dar bzw. sie segnete den inzwischen vollzogenen Ernährungswechsel göttlich ab. Im 1. Buch Mose 9 ist das Programm zu lesen, das die Ordnung von Kap. 1 total umgewandelt hat. Es besteht aus *vier Anordnungen*.

Die *erste Anordnung* lautet: »Furcht und Schrecken vor euch komme über alle Tiere der Erde, über alle Vögel des Himmels und über alles, was auf Erden kriecht, und über alle Fische im Meer« *(9,2a)*. Das gleichrangige Verhältnis der Paradieszeit ist durch diese Schreckensherrschaft des Menschen endgültig zerstört. Der Schrecken und die darauf aufbauende Herrschaft erscheinen als von Gott ausdrücklich gewollt. Durch sie sind Menschen und Tiere zu Feinden geworden. Nur Gefährliches und Feindliches wehrt man durch das Einjagen von Schrecken ab. Es fällt nicht schwer, als begründenden Hintergrund den Mythos vom Sündenfall und von der seinetwegen verhängten Strafe zu erkennen. Denn ein Teil dieser Strafe für menschlichen Ungehorsam besteht in der Verfluchung der Schlange, die Eva zum Ungehorsam verführt hatte. Sie wird »vor allem Vieh und vor allen Tieren des Feldes« verflucht, also »vor allen« Erdtieren, mit denen man es damals zu tun hatte. Das meint ja nicht, dass diese anderen Tiere zuschauendes Publikum bei der Verfluchung wären, und auch nicht, dass die Schlange zuerst und dann die anderen Tiere verflucht würden, sondern einen negativen Vorrang unter Gleichen, genauer: Verfluchten. Und sein Sinn kann dann nur sein: Du wirst *mehr als sie alle* verflucht. Alle sind verflucht, aber der Fluch trifft die Schlangen als Kriechtiere und in der Intensität der Feindschaft stärker.

Dass es um *Arten* geht, wird aus dem folgenden Teil des Fluches deutlich: »Und ich will Feindschaft setzen zwischen dir und dem Weibe und deinem Nachwuchs und ihrem Nachwuchs. Er wird dir auf den Kopf treten und du wirst ihm nach der Ferse schnappen.« *(1. Buch Mose 3,14)* Alle Schlangen werden in Sippenhaft für das eine Sündenfallexemplar genommen. Aber auch die anderen Tiere geraten in diese Haftung für den sogenannten Sündenfall hinein.

Es geht um Strafe für die Verführung zum Ungehorsam gegen Gottes Gebot. Beide, Menschen und Tiere, werden im Mythos von der Sintflut bis auf Musterexemplare ausgerottet und müssen danach ein Leben führen, das mit Leiden verbunden ist. Aber die Tiere allesamt tragen mit der verordneten Schreckensherrschaft der Menschen über sie weit schwerer an den Folgen. Sie haben eine eigene Würde und den göttlichen Schutz ihres Lebens verloren. Daran ändert der Bund mit allen Lebewesen, von dem 1. Mose 9,17 die Rede ist, nichts. Der Grund ist: Die Tiere werden für das Böse in der Welt mitverantwortlich gemacht und als theologische Nutztiere für die Opfer gebraucht, die zum kulturellen Standard gehörten. Die Menschin und der Mensch müssen zwar auch leiden, aber sie werden als absolute Herrscher über die Tiere eingesetzt.

Die *zweite Anordnung* lautet deshalb, von Gott selbst verkündet: »In eure Hand sind sie gegeben« *(9,2b)*. »Sie«, das sind die Tiere alle! Mit diesem Teil der neuen Ordnung wird der Mensch in die Rolle Gottes versetzt: Er darf Tiere töten nach seinem Gutdünken. Die neue Ordnung beschränkt sich keinesfalls auf das Töten von Opfertieren, sondern schließt ausdrücklich auch den profanen Bereich der Ernährung ein und setzt damit auch die alten Regeln der frühen Jäger und Viehzüchter außer Kraft.

Die *dritte Anordnung* lautet: »Alles, was sich regt und lebt, das sei eure Speise; wie das Kraut, das grüne, gebe ich euch alles (scil. zur Speise).« *(9,3)* Damit wird die alte, paradiesische Ordnung von 1. Buch Mose 1,29 ausdrücklich aufgehoben! Die Bahn ist durch Gottes Wort geebnet, auch vor die Ernährung den Schrecken der Tiere zu setzen – mehrere hundertmillionen Mal pro Jahr allein in Deutschland. Tiefenpsychologisch kann man diese Stelle als Ausdruck einer Wut über das Böse in der Welt und besonders in uns selbst verstehen: Mit den Tieren ist der generelle Sündenbock gefunden, auf den die Ursache des Bösen abgeschoben werden kann, und die Menschen können sich selbst als *Opfer* sehen. Das ist das tiefe Paradox: Die Menschen, die nun legitimiert sind, Tiere nach Bedarf zu töten und zu Opfern zu machen, laden ihre Wut über das Böse nicht gegenüber dem Schöpfer ab, sondern gegenüber den Mitgeschöpfen. Und die Tiere können sich nicht wehren.

Doch damit nicht genug. Das Töten von Menschen wird zwar aus der göttlichen Vollmacht zu töten ausgenommen. Aber dieses Ausgenommensein bedeutet *keine* absolute Grenzziehung, sondern nur eine relative. Denn die *vierte Anordnung* verlangt, dass wer auch immer, Mensch oder Tier, das Blut eines *Menschen* vergossen hat, »dessen Blut soll auch durch Menschen vergossen werden; denn Gott hat den Menschen nach seinem Bilde gemacht.« *(9,6)* Hier wird das Töten also sogar zur gottgewollten Pflicht gemacht, und die Begründung ist niederschmetternd einfach: Die theologische These der Gottebenbildlichkeit verlangt, dass der Mensch das prinzipiell Gott vorbehaltene Recht zu töten übertragen bekommt, weil das Töten eines Menschen das Töten eines Ebenbildes Gottes bedeutet. Nicht nur den Tieren gegenüber wird dem Menschen die Gott-Rolle übertragen, sondern auch Menschen und Tieren gegenüber, die eines Menschen Tod verschuldet haben. Die hier berichtete Einführung der Todesstrafe zeigt zwar eine tiefe Unlogik, insofern die Tötung des Mörders ja auch wieder das Töten eines gottebenbildlichen Wesens bedeutet. Doch da wirkt das *ius talionis* als stärkeres Prinzip. Es setzt fest, dass Tat und Strafe sich entsprechen müssen. Das Opfer folgt im Übrigen derselben Logik. Den Tieren aber wird kein entsprechender und durch die Todesstrafe bewehrter Schutz zugesagt. Sie sind zu Lebewesen zweiter Klasse geworden.

Darin zeigt sich ein Teil der mythischen Glaubensvorstellung, die aus Ägypten nach Israel eingewandert und dann ins Christentum hinein übernommen worden ist: *der Glaube, von Gott erwählt zu sein*. Hier bezieht er sich gattungsmäßig auf das *Menschsein*. Er formt einen Anthropozentrismus, der sich gnadenlos gegenüber den Mitgeschöpfen auswirkt, wenn menschliche Interessen verletzt werden. Ursache dafür ist die mit der Gottebenbildlichkeit verbundene Sonderstellung des Menschen in der Schöpfung. Denn sie wirkt sich auch in einem Bereich aus, den wir auf Anhieb gar nicht damit verbinden würden: auf sein von der Theologie unterstelltes Sündersein. Gerade weil der Mensch als Gottes Ebenbild geglaubt wird, wird an ihn auch die Forderung gestellt, Gottes Gerechtigkeit zu entsprechen und *alle* seine Gebote zu halten, mithin: vollkommen zu sein. Wer das tut – und zwar nicht nur formal, sondern von Herzen –, der ist »gerecht«. Das Ideal ist darum, was Psalm 1 formuliert hat: Selig gepriesen wird dort derjenige, »der Lust hat zum Gesetz des Herrn und sinnt über sein Gesetz Tag und Nacht.« Denn »alles, was er macht, das gerät ihm wohl.«

Entstanden ist daraus eine von der Sünde – und von der Angst vor ihr – bestimmte Kultur, die das Christentum weiter ausgebaut hat. Spuren lassen sich in unserem Themenbereich gut daran erkennen, wie die Sündenfallgeschichte in der Bibel theologisch durchgestaltet worden ist. Die Vorlage dafür ist nämlich bekannt und steht im mesopotamischen *Gilgamesch-Epos* aus dem 3. Jahrtausend vor

Christus. Auch da taucht schon eine Schlange als Wider-
sacherin auf. Sie frisst nämlich Gilgamesch, dem König
von Uruk, das Kraut weg, das er sich in einer abenteuer-
lichen Geschichte besorgt hatte. Es sollte ihm ewige
Jugend bescheren. Aber dort wird die Schlange nicht als
böse bezeichnet, sondern als listig, viel listiger als der
Mensch. Gilgamesch verflucht sie auch nicht, sondern re-
signiert, weint. Er lässt der Schlange ihre neue Fähigkeit,
sich – durch das Kraut – häuten zu können, und gibt seinen Wunsch nach leiblicher Unsterblichkeit auf. Richtiger:
Er setzt ihn in ein Bauwerk um, das ihn tatsächlich un-
sterblich gemacht hat. Gilgamesch baute nämlich die viele
Kilometer lange Stadtmauer von Uruk, die heute noch zu
besichtigen ist. In der biblischen Version aber, die wir be-
sprochen haben, wird die Schlange zur Urheberin des Bösen, der Sünde, gemacht. Das Tier hat auch hier mit
außermenschlichen Mächten zu tun. Aber es sind Mächte,
die im Unterschied zu den Jägerkulturen als lebensfeindlich dargestellt werden. Man kommt nicht darum herum zu
sagen, dass sich hier bereits ein dualistisches Lebensverständnis der Theologie bemächtigt hat, in dem Gott und
eine böse Macht sich gegenüberstehen. Der bösen Macht
gelingt es immerhin, die gute Schöpfung Gottes so zu ver-
derben, dass der Schöpfer sein eigenes Werk im Mythos
durch die Sintflut fast vollständig ersäuft hat. Diese für einen Schöpfergott desaströse Vernichtungstat ist mir schon
als Kind vor allem der Kinder und Tiere wegen abstoßend
erschienen. Dass sie bis heute auch in Kinderbibeln völlig
vorbei an dem grausamen Sterben der Geschöpfe erzählt
wird, kann ich nicht begreifen.

Auch die theologische Auslegung der Sündenfallgeschichte und ihrer Folgen hat sich in unserem Bereich
auf Kosten der Tiere entwickelt. Und das liegt an der Tatsache, dass *Schlange* im Deutschen weiblich ist – wie Eva.
In den Augen der von Männern betriebenen Theologie

konnte dadurch die ganze Geschichte auch wie ein Komplott aussehen, das die listigen, aber eben auch grundbösen weiblichen Wesen gegen den Mann Adam – man denkt sofort an den »tumpen Tor« Parzifal – inszeniert haben. Und auch dieser Verdacht hat die Auslegung des Sündenfallmythos lange bestimmt und ist im Schimpfwort »falsche Schlange« für Frauen noch immer lebendig. Doch erfreulicherweise geht die darin steckende Gleichung nicht auf, wenn man ins Hebräische schaut: Die Schlange, *nachasch,* ist nämlich im Hebräischen *männlich.* Löst man den in dem angeblichen Komplott steckenden Vorwurf gegen das Weibliche tiefenpsychologisch auf, dann gibt sich diese Beschuldigung als Ergebnis einer perfekten Projektion zu erkennen. Sie arbeitet mit dem Ziel, dass der Mann als verführtes Opfer vor Gott dastehen kann, Schlange und Frau aber die Verführerinnen sind. Ausbaden müssen diese Projektion Frauen und Tiere in unserer Kultur schon lange.

Es liegt also am Perspektivenwechsel und an der damit verbundenen Grundpraxis, dass vor allem der *männliche Mensch* nicht für das einstehen will und muss, was er tut. So müssen ihn die entsprechenden Texte der Theologen aus Gottes Mund rechtfertigen. Und Gott Jahwe ist ja auch männlich. Seine Worte stellen als Preis für die Rettung des Mannes das Weibliche unter einen Generalverdacht, artgemäß mit dem Bösen zu paktieren, mit dem die Tiere identifiziert werden. Es kann sein, dass auch deshalb Frauen nach altem biblischem Recht kein Priesteramt ausüben durften – woran sich die katholische und die orthodoxe Kirche bis heute halten. Der Blick, der von hieraus auf unser Leben fällt, ist also zugleich *menschenzentriert* (anthropozentrisch) *und männerzentriert* (androzentrisch). So liefert die neue Lebensordnung in der Wirkungsgeschichte die Tiere der weitgehend ungebremsten Schreckensherrschaft der – vor allem männlichen – Menschen aus.

Und damit sind wir auch hier bei einer schon im Zusammenhang mit 1. Buch Mose 9 angetroffenen Denkfigur, die nicht nur theologisch Schaden angerichtet hat. Am meisten (»vor anderen Geschöpfen«) aber haben – bis heute – die Tiere unter ihr zu leiden.

b. Auch die Metaphorisierung der positiven Beziehung zu den Tieren führt dazu, dass die Tiere aus dem Blick geraten und »versachlicht« werden

Natürlich gibt es in der Bibel auch einige wenige Stellen, die von einer positiven Beziehung zu Tieren reden. So erzählt die alte Geschichte im 4. Buch Mose 22,22-35, wie der Seher *Bileam* durch seine Eselin davor gewarnt wurde, einen gefährlichen Weg zu gehen. *Sie* hatte nämlich den unsichtbaren Engel des Herrn gesehen, der den Weg verstellte, Bileam aber nicht. Die Geschichte spricht von einer engen Beziehung der beiden, aber erstaunlicherweise auch davon, dass das Tier dem Berufs-Seher an *der* Sehkraft weit überlegen ist, die aus der Gottesbeziehung stammt. Hier ist noch altes Wissen verarbeitet worden, das wir schon kennengelernt haben.

Dasselbe gilt für das *Bildpaar Hirt und Schaf* bzw. *Hirt und Herde*, das ich im Zusammenhang mit der Poesie des 23. Psalms schon erwähnt habe. Jesaja 40,11 ist ein weiterer, ebenfalls hoch poetischer Beleg für dieses Bildpaar. Die Metaphorik ist einfach: Im jüdischen Teil der Bibel wird Gott, im christlichen Christus mit dem Hirten identifiziert; und der einzelne Fromme wird mit einem Schaf, eine Gruppe von Frommen wird mit einer Herde verglichen. Seine Attraktivität hat die Bildrede, weil alle von der Entschiedenheit wissen, mit der ein Hirt sich mit seinen Schafen identifiziert, für sie sorgt und sie schützt. Und es gibt hinreißende Bilder in der christlichen Ikonographie, die dieses Thema behandelt haben. So weit, so gut.

Aber die Geschichte hat eine hoch problematische Seite, die gewissermaßen unterhalb des tierfreundlichen Scheins als stille sogenannte »mitlaufende Gegeninformation« zum Bildgehalt mit in die Wirkungsgeschichte eingewandert ist. Sie kommt dadurch zustande, dass durch die metaphorisierende Übertragung der ursprünglichen Beziehung von Mensch und Tier auf das Verhältnis von Gott bzw. Christus und den Menschen – die Tiere leer ausgehen. Sie bestimmen das Bild zwar weiterhin mit, aber sie verschwinden aus der Deutung und damit aus der realen Ebene. In ihr läuft die Entwicklung wie bekannt weiter: Selbst Gott und Christus treten mehr und mehr aus der Hirtenrolle heraus, weil nun die kirchenleitenden Amtsträger selbst die Hirtenrolle beanspruchen: die Berufs-Hirten, also die *Pastoren*, und die Hüter der Herde Kirche, die Bischöfe. Bei einer solch festen Besetzung der Bildrede durch die neue kirchliche Semantik mussten auch hierdurch die Tiere aus dem Blick geraten und ihren Marsch in die Versachlichung als seelenlose Objekte antreten. Übrig bleibt das Weiterleben der Bilder in der Ikonographie.

c. Auch die Visionen der Johannesoffenbarung haben das negative Tierbild stark geprägt

Genau genommen ist es erschreckend, dass die Offenbarung des Johannes, also das letzte Buch der Bibel, in ihren Kapiteln 21 und 22 eine Vision »des neuen Himmels und der neuen Erde« vermittelt, in der die Menschen sich um das Zelt ihres Gottes herum lagern. Denn das Bild hat den großen Makel, dass auf dieser neuen Erde keine Tiere mehr vorkommen. Noch erstaunlicher ist, dass dieses Fehlen der Tiere auf der – ja als erstrebenswert vorgestellten – neuen Erde meines Wissens nach keinem derjenigen aufgefallen ist, die wissenschaftliche Kommentare zu diesem Buch geschrieben haben. Und auch ich selbst habe dieses

Fehlen nicht wahrgenommen, als ich meine Doktorarbeit einst über dieses Buch schrieb. Fragen wir, wodurch eine solche Ausblendung bzw. Nichtwahrnehmung bewirkt wird, müssen wir, um antworten zu können, etwas weiter ausholen.

Drei Gründe lassen sich nennen. Zum *einen* nämlich gibt es in der Johannesoffenbarung als Repräsentanten des auferstandenen Jesus Christus ein Kulttier, »das Lamm« – zwischen 5,6 und 22,3 kommt es viele Male vor. Mit einem wirklichen Tier hat es aber nichts zu tun, denn seine »Braut« ist nach frühkirchlicher Terminologie die Kirche *(19,7; 21,2.9; 22,17)*. »Das Lamm«, das in der Ikonographie gerne als (von einer Lanze durchbohrtes) *Opfertier* gezeigt und zu Ostern so auch gerne in gebackener Form verzehrt wird, repräsentiert Christus. Denn durch sein Blut sind die Christen erlöst worden *(1,5)*, sie, »die im Blut des Lammes ihre Kleider gewaschen und sie weiß gemacht haben« *(7,14)*. Das Opfertier repräsentiert bei aller Herzigkeit der Osterlämmer aber eine Opfertheologie, die die Vergebung der Sünden nach der in ihr waltenden Logik weiterhin mit dem Vergießen von Blut verbindet. »Ohne Blutvergießen ist Vergebung nicht möglich« *(Hebräerbrief 9,22)* ist der Lehrsatz dazu, dem prinzipiell auch die Deutung des Todes Jesu als Sühnopfer folgt. Die Identifizierung Jesu mit dem Opferlamm überträgt die Funktion, die das Tier als Projektionsfläche für menschliche Sünden hat, auf Jesus. Nicht einmal hier ist das Tier mehr selbst gemeint.

Diese Vorgänge müssen wir zusammen sehen mit einem anderen Sprachgebrauch in der Johannesoffenbarung. Denn er sagt noch deutlicher, warum in der schönen neuen Welt keine Tiere mehr vorkommen dürfen. Die Johannesoffenbarung bezeichnet nämlich den Antichrist, hinter dem viele Forscher den römischen Kaiser Domitian sehen, als »das Tier« (viele Vorkommen zwischen 11,7 und 20,4) und als den »Drachen« (ab 12,3 bis 20,2). Dass der Erzböse

»das Tier« bzw. »der Drache« heißt, spricht Bände! So schließt sich am Ende der Bibel der Kreis, der zur Sündenfallgeschichte zurückführt. Wenn aber die auch mythologisch mit dem Drachen verwandte Schlange mit dem Bösen paktiert und der Böse schlechthin, also Satan, »das Tier« und »der Drache« genannt werden kann, dann erkennt man, dass den Tieren durch diesen Sprachgebrauch ein Makel angehängt worden ist, der die Herabwürdigung der Tiere vertieft und im christlichen Denken für 20 Jahrhunderte verankert hat.

Völlig ausgeschlossen war es damit, noch theologisch zu denken, was Kohelet zu *sagen* gewagt hatte: dass »der Mensch vor dem Tier keinen Vorzug« hat *(3,19)*. Denn das heißt ja, positiv gewendet, dass, wenn der Mensch »eine lebendige Seele ist«, auch jedwedes Tier eine »lebendige Seele« *ist* und damit ein unmittelbares Verhältnis zu Gott hat. So hat die Bibel selbst den Boden bereitet für Ansichten wie diejenige von *René Descartes*, wonach die Tiere bloße Automaten seien und unfähig, Schmerz zu empfinden. Was dennoch so aussehe, sei nur Schein[27]. Da ist es wirklich an der Zeit, wenn denn die eigene Religion und Kultur so grauenhaft versagt haben, eine »Ehrfurchtsethik als Religion« und die »Hingebung an anderes Leben« zu empfehlen, wie es *Albert Schweitzer* getan hat[28].

Denn alles, was dazu beigetragen hat, Tiere – auch juristisch – für endlose Zeiten als Sachen anzusehen, hat seine Ursache im Anthropozentrismus. Der wiederum steht mit der These von der Gottebenbildlichkeit des Menschen in einer festen Wechselwirkung. Durch sie sind die Tiere theologisch aus der unmittelbaren Gottesbeziehung ausgeschlossen worden. In dem uns heute und hier angehenden Zusammenhang hat jedenfalls die Kirche mit der Verbrei-

---

[27] S. o. S. 84.
[28] A. Schweitzer, Ehrfurcht vor den Tieren. Hg. E. Gräßer, München 2006, S. 90-92. 97.

tung der Bibel und einer Schriftauslegung, die sie auch gegen die wahrgenommene Wirklichkeit verteidigt hat, sehr viel dazu beigetragen, dass die Tiere – wie die Pflanzen – als lebendige Seelen aus dem, was uns *unmittelbar* angeht, ausgeblendet worden sind. Denn in unserer Religion dreht sich alles um den Menschen und behandelt Lebensethik ausschließlich das Verhältnis von Menschen zu Menschen. Dabei hätte Paulus mit seiner Aussage, dass »die ganze Schöpfung seufzt und sich schmerzlich ängstigt« *(Römerbrief 8,22)*, doch dazu beitragen können, wenigstens über das Leiden einen angemessenen Zugang zum Leben der Tiere zu finden.

Viele meinen, Vorbild dafür hätte die Vision vom Friedensreich sein können, die Jesaja 11 überliefert ist. Denn in diesem Reich, das aus dem »Stumpf Isais hervorgehen wird«, scheint die Schöpfung in einen Zustand zurückversetzt zu sein, wie man ihn hinter der ersten Schöpfungsgeschichte vermuten kann. Immerhin sollen Menschen und Tiere in einem neuen Frieden zusammenleben: »Da wird der Wolf zu Gast sein bei dem Lamme und der Panther bei dem Böcklein lagern, Kalb und Junglöwe weiden beieinander, und ein kleiner Knabe weidet sie. Kuh und Bärin werden sich befreunden, und ihre Jungen werden zusammen lagern; der Löwe wird Stroh fressen wie das Rind. Der Säugling wird spielen am Loch der Otter, und nach der Höhle der Natter streckt das kleine Kind die Hand aus.« *(11,6-8)* Bei näherem Hinsehen zeigt sich hier aber eine um des gewollten Idealbildes willen vollzogene Veränderung der Tiere, die ihre Art betrifft: Sie haben ihre für den Menschen gefährliche *Wildheit* verloren. Auch Jesaja 35,7.9 werden wilde und reißende Tiere sogar ganz aus der Heilszeit ausgesperrt. Nun können wir davon ausgehen, dass in diese Bilder des Zukünftigen auch die kreatürliche Angst vor gefährlichen Tieren hineingewirkt hat (s. im nächsten Abschnitt). Dennoch ist es problematisch, dass das Wilde, das die Tiere wirklich vom Menschen unterscheidet, bereits als »böse« verstanden wird *(11,9)*, das nicht mehr sein soll. Also weist Jesaja 11 doch in die falsche Richtung, die sich dann in der Johannesoffenbarung durchgesetzt hat.

Immerhin aber hat Jesus ein – schon fast in die Vergessenheit gerücktes – besseres Beispiel gegeben. Denn vor seinem ersten öffentlichen Auftritt hatte ihn der Geist Gottes für vierzig Tage buchstäblich in die Wüste geschickt, um *sich* in der unmittelbaren Begegnung mit Gott und der nicht-menschlichen Welt kennenzulernen. Bei Markus lesen wir *(1,12-13)*: »Und alsbald trieb ihn der Geist in die Wüste hinaus. Und er wurde vierzig Tage vom Widersacher versucht; und er war mit den Tieren, und die Engel dienten ihm.« »Mit den Tieren« war er, als er allen Versuchungen Widerstand geleistet hat. Nicht nur die Engel haben ihm dabei geholfen, sondern auch die Gemeinschaft mit den Tieren. Ganz offenbar hatte Jesus an diesem Punkt keine Berührungsängste, und die ersten Erzähler der Jesusgeschichte auch nicht.

Nach Matthäus *(12,11, Sondergut)* hat Jesus es sogar für selbstverständlich gehalten, das Sabbatruhegebot zu brechen, wenn es darum geht, ein Schaf aus einem Brunnen zu retten. Zwar wird diese Aussage wieder relativiert durch den Zusatz »Wie viel mehr wert ist ein Mensch als ein Schaf« *(12,12, Sondergut)*, mit dem übergeleitet wird zu der generellen Regel: »Also ist es erlaubt, am Sabbat Gutes zu tun!« (ebd.). Aber am Einsatz für das Tier ändert das nichts. Denn die Botschaft lautet: Das Leben eines Tieres ist es wert, ein unbedingt gemeintes göttliches Gebot zu suspendieren. Doch auch diese Vorgabe ist außerhalb der matthäischen Jesus-Überlieferung nicht mehr aufgenommen worden.

1.3.2. Andere Gründe, die das Verhältnis zu den Tieren negativ beeinflusst haben

Aber es gibt auch andere Gründe, die die Menschen dazu gebracht haben, Tiere negativ zu bewerten.

a. Die Angst vor Tieren

Da ist zuerst die reale *Angst*, die manche Tiere zu natürlichen Feinden der Menschen macht, weil sie ihnen an Kraft und Beweglichkeit überlegen sind oder spezielle Waffen – wie Gift – als gefürchtete Instrumente zur Verfügung haben. Auf sie sind wir schon im Zusammenhang mit Jesaja 11 und 35 gestoßen. Der Umgang damit kann auf unterschiedliche Weise erfolgen. Zuerst einmal durch das Einhalten von Distanz zu ihnen. Da aber, wo gefährlichen Tieren schwer auszuweichen ist, hat man früh schon mit Beschwörungsriten versucht, sich zu wehren. Aus Mesopotamien gibt es Beschwörungsriten, die zum Beispiel gegen Schlangenbisse, Skorpionstiche und Tamarisken helfen sollten[29].

Im 4. Buch Mose 21,1-9 haben wir eine Überlieferung, in der wohl durchscheint, dass die Menschen damals schon in der Lage gewesen sind, Schlangengift zu »bändigen« und als Medizin zu verwenden. Die Schlange hatte nun also eine Doppelfunktion, in der sie die ganz Andere und Gefährliche und zugleich die Hilfreiche war, mit der man sich in bestimmter Weise verbünden konnte. Denn in der Erzählung werden die Israeliten während ihrer Wüstenwanderung – weil sie unter den vielerlei Mangelzuständen leiden und Gott deswegen anklagen – von kleinen Schlangen geplagt, die am Boden kriechen und sie beißen. Viele Menschen sterben dadurch. Mose schafft auf Gottes Befehl ein Gegenmittel

---

[29] Gesammelt bei B. Janowski u. G. Wilhelm (Hg.), Omina, Orakel, Rituale und Beschwörungen, TUAT NF Band 4, Gütersloh 2008, Seite 3f.5f.

in Gestalt einer »ehernen Schlange« (ein Saraph mit Namen *Nechuschtan*), die auf eine Stange gesteckt wurde. Blickten die von den Bissen der kleinen Schlangen vergifteten Menschen fest auf den Nechuschtan, blieben sie am Leben.

Hilfe in medizinischer Hinsicht bei Tieren und Pflanzen zu suchen, kennen wir auch aus der griechischen Mythologie. *Chiron*, der Zentaur, war Meister in der Kunst, aus der Natur Pharmaka herzustellen. *Apollon* ging bei ihm in die Lehre, aber sein Meisterschüler wurde *Asklepios*. Er lernte seine Lektionen so gut, dass er eines Tages Tote aufzuerwecken vermochte – und von Zeus wegen der damit verbundenen Grenzüberschreitung getötet wurde. Chiron repräsentiert als Mischgestalt ein Wissen, das nur durch die Verbindung von Mensch und »wilder« Natur zu haben ist. In der Heilkunst ist dieses Wissen wachgehalten worden und wird ja seit längerem kräftig reaktiviert, insofern die Homöopathie, die Gleiches mit Gleichem heilt, und andere Naturheilverfahren an Boden gewonnen haben.

b. Die wachsende Fremdheit der allermeisten Tierarten

In der westlichen Zivilisation gibt es für die Normalbürger eine unmittelbare Kenntnis von tierischer Existenz nur durch das Zusammenleben mit Haustieren im engeren Sinn. Schon das Leben der Nutztiere ist den meisten nur aus Filmen und dem Hörensagen bekannt, gelegentlich auch durch Zoobesuche. Sogenannte wilde Tiere werden ausschließlich aus sicherer Distanz besichtigt.

c. Der Verlust der Möglichkeit, sich ein Tier als einzelnes Wesen vorstellen zu können

Durch die Fremdheit generell und vor allem durch die industrialisierte Zucht von Tieren verlieren wir immer mehr die Möglichkeit, uns Tiere als Wesen vorstellen zu können, die uns verwandt sind und gesegnet sind wie wir. Gründe dafür gibt es viele.

– Erste Ursache ist der ungeheuer anwachsende Fleischverzehr. Die Zahl der dafür gezüchteten Tiere ist nicht nur groß, sondern unvorstellbar groß geworden: Ungefähr 500 Millionen Tiere werden pro Jahr allein in Deutschland geschlachtet, um Fleisch zu gewinnen – Fische ausgenommen. In dieser Masse kann man sich kein einzelnes Tier mehr vorstellen.

– Dieser Verbrauch wird durch die stetig ansteigende Zahl der menschlichen Erdbevölkerung und durch den Export europäischer Essgewohnheiten gesteigert. Damit wächst aber auch der Verbrauch an Lebensmitteln generell, und durch das wachsende Qualitätsbewusstsein der Verbrauch an hochwertigen Lebensmitteln wie Fleisch. Und für dessen Erzeugung sind immer mehr pflanzliche Lebensmittel nötig, die – nicht nur den vegan lebenden – Menschen entzogen und außerdem so teuer werden, dass sie viele gar nicht mehr kaufen können, oder die nicht mehr zu haben sind, weil sie exportiert werden.

– Auch die Massentierhaltung macht blind für die Tatsache, dass Tiere Einzelschicksale sind; die Schlachtung findet irgendwo statt, wo keiner mehr wohnt und die Schreie der Tiere hört.

– Das Fleisch ist durch die Art der Herstellung (Mischverfahren mit anderen Nahrungsmitteln wie Soja) und durch die Art der Verpackung und Kühlung kaum noch als Fleisch von Tieren zu erkennen.

1.3.3. Theologische Folgerungen

Angesichts der Überlieferungen, die belegen, wie das Verhältnis zu den Tieren – und Pflanzen – belastet, ja, verdorben worden ist, müssen wir Christen einstehen für die

Wirkungsgeschichte unserer Traditionen. Das heißt zuerst: Wir müssen Anderes lehren und die vorhandenen Texte *theologisch-kritisch* mit der Wirkungsgeschichte zusammen auslegen. Aber es heißt auch, dass wir die positiven Beispiele der Bibel ins Licht stellen. Wenn wir die Bileam-Geschichte, die Weisheit des Kohelet und die Überlieferung ansehen, die Markus im Zusammenhang des Wüstenaufenthaltes Jesu kennt, fällt auf, dass diese wenigen Stellen an früh in der Kulturgeschichte gemachte Erfahrungen anknüpfen. Sie zeigen also noch keine Spuren jener theologischen Bewertung der Tiere, die biblisch schnell zum Standard geworden ist.

Für mich muss eine schöpfungstheologische Betrachtung der Tiere festhalten: Tiere sind sterblich geschaffen wie wir. Sie sind lebendige Seelen wie wir, weil der Lebensodem Gottes ihre wie unsere Lebensbeziehung schafft, und sie werden im Leben gehalten von dem auch uns bewegenden Geist. In dieser Hinsicht sind Menschen und Tiere ohne Unterschied. Zumindest als eine These, die ein Umdenken weg vom Anthropozentrismus befördert, ist die These von *Markus Wild*[30] hilfreich, auch die Menschen als Tiere zu bezeichnen und uns so mit den Tieren zusammenzusehen. Auch Tiere haben Gehirn, Geisttätigkeit und Sprache, durch die sie kommunizieren können – allerdings nicht die menschliche Sprache. Gott aber kann mit ihnen wie mit uns kommunizieren. Bei Gott schafft uns die menschliche Sprache keinen Vorteil, denn Gott spricht weder Hebräisch noch Griechisch noch Deutsch oder Englisch als *seine Sprache*. Er kommuniziert durch den lebenschaffenden Geist unmittelbar mit allen Geschöpfen.

Tiere müssen aus der anthropozentrischen Sündenthematik ganz herausgenommen werden. Die Opferkritik der Propheten, die Jesus aufgenommen hat (*Hosea 6,6; Mat-*

---

[30] M. Wild, Tierphilosophie zur Einführung, Hamburg 2008.

thäus 12, 7: »Liebe will ich, und keine Opfer«), ist nicht nur eine Kritik am Opferkult, sondern bedeutet auch ein Eintreten für die Tiere. Die Opferkritik schließt die Aufforderung an uns Menschen ein, endlich selbst einstehen zu wollen für das, was wir tun, und unsere Schuld nicht büßen zu lassen durch stellvertretende unbeteiligte Dritte. Jesus ist nicht unser Sühnopfer. Seit Jesus klargemacht hat, dass Gottes Liebe nicht von Ersatzleistungen und Blutvergießen abhängt, sondern aus sich selbst kommt, gibt es nichts mehr, was blutig zu opfern wäre, bedarf es keiner stellvertretenden Leiden mehr! Weil es die Möglichkeit und lebensverändernde Kraft der Vergebung gibt, müssen wir nicht nur, sondern können wir auch selbst einstehen für das, was wir tun. Wir können die ganze Schöpfung wieder mit der mystischen Vorstellung von der *einen* Wirklichkeit[31] verbinden, und das heißt: den außerweltlichen Gott wieder in die eine Wirklichkeit des Lebens zurückkehren lassen. In ihr gehört »er« mit den sterblichen Geschöpfen – also den Tieren, Pflanzen und uns – zusammen.

Das biblische, jüdisch-christliche Erbe – das hat Albert Schweitzer mehrfach beklagt – hat den Tieren ein schweres Schicksal in der Christenheit bereitet. Hätte es die wunderbaren Ausnahmeerscheinungen – ich nenne aus der Alten Kirche den wegen des Streits mit Augustin berühmten *Mani*, der keinem Tier und keiner Pflanze etwas zuleide tun wollte, und dann vor allem den heiligen *Franz von Assisi* und Albert Schweitzer – nicht gegeben, wäre alles noch viel schlimmer gekommen. Besonders die beiden zuletzt Genannten haben als Vorbilder gewirkt. Ihnen ist es gelungen, die biblischen Herabwürdigungen der Tiere durch ihre Ehrfurcht vor dem Leben und durch die Freude an der Vielfalt der Geschöpfe aufzufangen und Menschen zu anderem Verhalten zu bewegen. Sie haben versucht, al-

---

[31] Vgl. M. von Brück, Einheit der Wirklichkeit. Gott, Gotteserfahrung und Meditation im hinduistisch-christlichen Dialog, München 1986.

le Geschöpfe die Liebe Gottes spüren zu lassen, und dem Frieden zwischen den Geschöpfen gedient – und dabei auch tatsächlich Ehrfurcht vor den Tieren entwickelt. In ihr sehe ich nichts anderes verwirklicht als die Ehrfurcht vor Gott, dem Schöpfer. Zu einer Veränderung der Dogmatiken haben auch die genannten Beispiele nicht viel beitragen können. Noch immer fällt es der kirchlichen Lehre schwer, sich von Glaubensvorstellungen der Vergangenheit zu trennen – wenn sie in der Bibel stehen. Und das liegt daran, dass sie die historische Kritik der Überlieferungen nicht in einer theologischen Kritik zu Ende führt.

2. Ethische Konsequenzen

2.1. Neben die Menschenwürde muss die Tierwürde treten

Jede Lebensgestalt hat ihre eigene Art. Jedes Wesen hat seine aus der Gottesbeziehung stammende Würde und ist nicht von irgendwelchem Nutzen abhängig. Alle zusammen bilden die Fülle und Vielfalt des Lebens, in die hinein sich Gott als Schöpfer entfaltet. Alles, was dem Menschen vom Menschen an Würde zugestanden worden ist, muss auch den Tieren an Würde zugestanden werden. Vor allem der Grundsatz, dass Tiere ein unhinterfragbares und durch nichts bedingtes Lebensrecht haben wie Menschen und Pflanzen auch. Neben die Menschenwürde tritt also die Tierwürde, die sich genauso wie die Menschenwürde aus dem Schöpfungsgeschehen begründet. Abstufende Bewertungen von Tierarten sind das Ergebnis einer unzulässigen Verobjektivierung von Erfahrungen, die Menschen mit Tieren gemacht haben – so verständlich es ist, wenn Angst die Wahrnehmung bestimmt. Bewertungen der Tiere spiegeln zumeist den Nutzen, den Menschen unterschiedlicher Kulturen von Tieren haben oder hatten, und natürlich auch unsere begrenzten Fähigkeiten, Tiere – zumal als Einzelne – wahrnehmen zu können.

Die Tierwürde schließt als erstes ein, dass die Bioethik künftig nicht mehr Leben und Menschenleben gleichsetzen darf. Und das hat ethisch zur Folge, dass die Art der Tiere vom Menschen nicht aus eigennützigen Gründen verändert werden darf – weder durch Züchtung noch durch theologische Projektionen in eine zukünftige Welt. Denn gerade diese Projektionen wirken auf die Gegenwart oft normgebend ein. Bestimmte Programme, die Tiere »humanisieren« wollen, um aus ihnen dann Organe zu bekommen, die als Ersatzteile mit geringerem Risiko in menschliche Körper verpflanzt werden können (»Xenotransplantation«), sind *a limine* abzulehnen. Denn in diesen Programmen tut sich eine neue Art von Instrumentalisierung der Tiere, ja, ein neue Nutztierzüchtung, auf, die die Schöpfungswürde der Tiere verletzt. Dasselbe gilt für das Klonen von Tieren, das Sinn ja nur als Vorstufe zum Klonen von Menschen hat. Beide Wege sind die bislang schärfste und rücksichtsloseste Form von anthropozentrischem Denken im Umgang mit den Tieren.

2.2. Theologie und Kirche sind verpflichtet, aus der Antike übernommene Glaubensvorstellungen und Liturgien auf ihre Tier- bzw. Lebensfeindlichkeit hin zu untersuchen

Tiere sind von den theologisch begründeten kultischen Strategien unterschiedlichster Religionen dazu benutzt worden, Entsühnungsrituale praktizieren zu können, in denen ihr Blut stellvertretend für Menschenblut vergossen wurde. Menschen projizierten dabei ihre Versündigungen auf die daran unbeteiligten Tiere. Auch diese Praxis stellte – anders als die mit Ernährungsproblemen verbundene

Opferpraxis der Jägervölker – eine Instrumentalisierung der Tiere dar, die heute nicht fortgeführt werden darf. Das gilt nicht nur für die blutige Opferpraxis selbst, sondern auch für die Fortführung der Opferthematik in theologisch-liturgischen Zusammenhängen. Entscheidend ist dabei die Forderung, dass die Tiere aus der Sündenthematik ganz herausgenommen werden müssen, in der sie immer Objekte für menschliche Projektionen gewesen sind.

Ein solcher Abschied von der Opferthematik schließt die Bereitschaft von uns Menschen ein, selbst einstehen zu wollen für das, was wir tun und lassen. Damit folgen wir der Opferkritik, die die alten Propheten Israels und Jesus vorgetragen haben. Dieser Abschied ist um einer Lebensethik willen notwendig, die nicht mehr anthropozentrisch ansetzt. Zwar wird an vielen Stellen des Neuen Testaments gesagt, das Blut Christi wasche die Sünden der Menschen ab, so wie im Jerusalemer Opferkult die Menschen mit Tierblut besprengt worden waren, um sie von ihren Sünden zu reinigen. Aber Jesus hat uns Menschen durch die Verkündigung der unbedingten Liebe Gottes in eine unmittelbare Beziehung zu Gott gestellt – und die Tiere auch. Es gibt keinen Grund mehr, unsere Schuld auf unbeteiligte Tiere abzuschieben, um Schuld loszubekommen und dennoch am Leben zu bleiben. Die in unsere Vollmacht gestellte und uns als unsere Aufgabe zugemutete Bereitschaft zu vergeben, hat jeden Sühnopferkult und jedes Sühnopferdenken überflüssig gemacht. Dasselbe gilt für die ebenfalls bis ins Abendmahl hineinreichende Vorstellung, dass Märtyrerblut eine sühnende Wirkung habe. Die Opfer- und Sühnelogik ist von Jesus zerbrochen worden. Stellvertretung hat keinen Sinn mehr, wenn das Einzige, was es zu glauben gibt, die Liebe Gottes ist (*Karl Barth*). Hingabe und hingebungsvolle Liebe zu Menschen und Tieren können der Liebe Gottes antworten. Aber das tun sie nicht, wenn sie für ein überzeitliches »Heil« in Dienst genommen werden.

Die *Kunst* kann die veränderte Wahrnehmung der Tiere fördern, wenn sie Gott mit Tiergesichtern oder mit anderen Körperteilen von Tieren darstellt. Dafür gibt es Vorbilder im Alten Ägypten und im Hinduismus. Dadurch lässt sich die eben angesprochene Ehrfurcht vor den Tieren *und* vor Gott aussagen. Außerdem hoffe ich darauf, dass Künstlerinnen und Künstler gerade in unserer Zeit der industrialisierten Tierzucht und Tierverwertung auch Tiere an das Kreuz hängen, denen man ihr Martyrium ansieht. Dadurch könnte eine Form von *Kreuzesmeditation* in Gang gesetzt werden, wie ich sie in der neuen Liturgie ohne Opfer- und Sühnetheologie vorgeschlagen habe[32]. Dabei ist das Kreuz als Ort verstanden, an dem des Leidens von Menschen und Tieren gedacht wird, ja, dieses Leiden im Licht von Ostern anschaubar gemacht wird – und uns vom Kreuz herab anschaut.

Was die *Eschatologie* angeht, sollte die Erwartung auf die Lebensfülle gerichtet werden, die in Gott selbst ist. Die Vielfalt der Tiere um uns herum kann uns dabei schon jetzt deutlich machen, wie schmal unser menschlicher Zugang zum Leben in unserer jetzigen Lebensgestalt ist und welche Vielfalt von Perspektiven demgegenüber durch die tierischen und pflanzlichen Existenzen gelebt wird. Eine daran anknüpfende Zukunftserwartung kann sich darauf richten, dieser Fülle der Gestalten von Leben in Gott zu begegnen.

Schließlich sollten Theologie und Kirche das Bild vom Hirten und seiner Herde nicht mehr auf Mensch-Mensch-Beziehungen oder gar Ämter (wie Pastor oder Bischof) und Amtsaufgaben übertragen. Es ist gewiss erlaubt und sinnvoll, eine Bildrede wie diejenige vom »Guten Hirten« zu verwenden, in der entweder Gott *(Psalm 23)* oder Jesus *(Johannes 10)* als diejenigen bezeichnet werden, die

---

[32] Lebensgaben Gottes feiern. Abschied vom Sühnopfermahl: eine neue Liturgie, Gütersloh 2007, S. 170f.

die Menschen zur Fülle des Lebens führen wollen. Aber die Bildrede bleibt in diesem Rahmen nur, sofern sie auf das Hören der Stimme des göttlichen »Hirten« zielt. Und schon dabei fallen Tiere, die doch auch zu diesem *göttlichen* Hirten gehören, aus dem Bildrahmen heraus, weil sie nicht mehr gemeint sind. Umso mehr gilt das, wenn die Menschen sich untereinander dieses Hirt-Herde-Verhältnis aneignen und dadurch sowohl Gott als auch die Tiere ausschalten. Dann ist auch hier die Anthropozentrik dominant. Dass uns im Neuen Testament ein Wort des Auferstandenen überliefert wird, in dem er Petrus den Auftrag gibt, *seine,* Christi, Schafe und Lämmer zu weiden *(Johannes 21,15-19),* ändert daran nichts. Es nennt uns nur den Zeitpunkt, von dem an dieses Selbstverständnis die christlichen Autoritäten fraglos bestimmt hat. Mit der Verkündigung Jesu hat diese Stelle nur mittelbar zu tun.

2.3. Notwendig ist ein genereller Perspektivenwechsel

Rettung vor der bisherigen Herabwürdigung der Tiere kann es nur durch eine Ethik geben, die bereit ist, einen generellen Perspektivenwechsel vorzunehmen. Kurz gefasst geht es darum, dass wir die Tiere und Pflanzen nicht mehr als Objekte ansehen, sondern uns von den Mitgeschöpfen als Subjekten ansehen lassen. Das Stichwort heißt *Intersubjektivität.* Lassen wir uns darauf ein, können wir unser eigenes Spektrum an Perspektiven auf das Leben erweitern, indem wir die Perspektiven der Tiere übernehmen, die *sie* auf das Leben haben. Helfen kann uns dazu, was *Rainer Maria Rilke* in seinem Gedicht »Archaischer Torso Apolls« in der letzten Strophe formuliert hat. Da fasst er nämlich die Erkenntnis zusammen, die sich beim Betrachten des Apollinischen Torsos Strophe für Strophe aufgebaut hatte: »Denn da ist keine Stelle, die dich nicht sieht.« Und seine Schlussfolgerung daraus lautet: »Du musst dein Leben ändern.« Ein Ausrufungszeichen hat Rilke am Ende nicht gesetzt. Er ist davon ausgegangen, dass das Bewusstsein, selbst gesehen zu *werden*, das Leben ändert, in dem wir bisher glauben, externe Beobachter des Lebens zu sein.

Durch einen Perspektivenwechsel, der den Blick von den Tieren auf uns Menschen zurücklenkt, werden *wir* die Gesehenen und vor die Frage gestellt, ob wir uns denn *so* sehen lassen können und wollen, wie wir bisher mit Tieren umgehen. Diese veränderte Beziehung kann zu einem Mittel werden, das nicht nur eine Tötungshemmung, sondern auch eine Esshemmung erzeugt. Wir müssen lernen, *mit* den Tieren zu denken und dadurch auch, uns von ihnen *gedacht* zu wissen. Dann gelingt es uns vielleicht auch, uns von Gott, dem Schöpfer, angesehen zu wissen, wenn uns ein Tier in die Augen sieht. Der schon zitierte Satz, dass Jesus während seines 40tägigen Wüstenaufenthaltes »mit den Tieren war« *(Markus 1,13)*, weist auf eine solche Erfahrung Jesu hin. Da hat er gelernt, wie ihn die Tiere sehen, und so sein Bild von sich selbst ergänzen können, ehe er seine Wandertätigkeit begann. Nur so, durch das »Sein *mit* den Tieren«, könnte es auch zu einer Heilung der »geistigen Krankheit unserer Zeit« kommen, die Albert Schweitzer in der Art unseres Umgangs mit den Tieren erkannt hat.

Es hat deshalb Sinn, die durch das Sein mit den Tieren verbundene Perspektivenerweiterung auch in Konzepte des Wohnens und der sozialen Therapie einzubeziehen. Ich denke zum einen an das Halten von Haustieren. Das bleibt ein Zugang zu den Tieren, der von größter Bedeutung nicht nur für Kinder ist. Darüber hinaus sind mir eine Reihe von Beispielen einer arrangierten Nähe zu Tieren bekannt geworden, die mich im Ergebnis haben staunen lassen. Das erste hat meine Familie in Berlin-Wannsee durch die Verbindung eines Don-Bosco-Heimes mit einem Reitstall erlebt. Verhaltensgestörte Buben konnten durch den täglichen Umgang mit den Pferden wieder einen Kontakt zu Lebewesen finden und Zutrauen dazu gewinnen, dass das Aufbringen von Gefühlen anderer Wesen gegenüber uns Menschen buchstäblich »trägt«. Darüber hinaus hat die gemeinsame Liebe zu den Tieren Heimkinder und Kinder aus der Gegend zusammengebracht. Von einem ähnlichen Projekt hat *Jörg Zink* mir erzählt. Schon vor ungefähr 40 Jahren hat er am Stadtrand von Stuttgart ein Areal gepachtet, um dort verhaltensgestörte oder auch nur vereinsamte Stadtkinder emotional an Tiere zu binden, damit sie dadurch – wieder – eine Beziehung zum Leben finden konnten. Das Projekt, in das die Stadt Stuttgart dann irgendwann mit eingestiegen ist, gibt es noch heute. Inzwischen leiten Kinder von damals das Unternehmen. Und schließlich wissen wir von dem Berliner Arzt *Dr. Christian Grosse-Siestrup*, der ein Heim für ältere und alte Menschen mit einem Bereich verbunden hat, in dem Tiere leben. Für diese Tiere haben die Hausbewohner in gewisser Weise die Pflege übernommen und dadurch einen körperlichen und psychisch-emotionalen Kontakt zum Leben behalten bzw. wieder aufbauen können.

2.4. Einige praktische Folgerungen für die Ethik des Alltags

Soll es wirklich zu einer Veränderung des Alltagsverhaltens über den Umgang mit Tieren im Haus oder in besonderen Bereichen kommen, müssen die Essgewohnheiten und die Methoden der Tierzucht und Tieraufzucht geändert werden. Nur eine drastische Reduzierung des Fleischverbrauches wird auch zu einer Änderung der industrialisierten Tierzucht- und Tieraufzucht-Methoden führen und zur notwendigen Beendigung der industrialisierten *Tiertötung*.

Durch *beide* werden die Tiere um ihr Leben gebracht. Säugetiere müssen so gezüchtet werden, dass sie vor allem mit den Muttertieren und Geschwistern zusammen aufwachsen und eine möglichst lange Zeit in möglichst großer Bewegungsfreiheit leben können. Wir haben in unserer politischen Gemeinde erlebt, dass eine solche Tierzucht (von Charolais-Rindern) möglich und wirtschaftlich sinnvoll ist. Freilich werden Änderungen, die Auswirkungen in der Fläche haben, nur durch gute Vorbilder vorangebracht. Darum muss Schluss sein mit der stupiden Angewohnheit, dass jedes Fest auch von Kirchengemeinden als wesentlichen Bestandteil hat, dass Würstchen und Fleisch gegrillt werden.

Die Kulturgeschichte lehrt allerdings, dass auch die Nahrungskette zur sterblich geschaffenen Schöpfung hinzugehört. Der Mensch ist nicht der letzte Fleischesser in dieser Kette, sondern diejenigen Tiere sind es, die unsere sterblichen Überreste verzehren und wieder zu Erde verwandeln. Das Problem fängt da an, wo getötet wird, um an das Fleisch der anderen Glieder der Kette zu kommen. Das Bewusstsein der frühen Jäger, durch das Töten von Mitgeschöpfen schuldig zu werden an den getöteten Tieren und an denjenigen, denen die Tiere gehören, ist allerdings für Menschen der Preis, an dieser Nahrungskette teilzuhaben. Mit gutem Gewissen Fleisch von industriell getöteten Tieren zu essen, ist für einen über die Zusammenhänge aufgeklärten Christenmenschen nicht mehr möglich. Denn unter diesen Umständen kann er Gott nicht für das Fleisch danken, das er isst. Das wird erst möglich, wenn das geschlachtete Tier ein Leben gelebt hat, das seiner Art entspricht, und von Menschen getötet worden ist.

Der schon erwähnte Mani war an seinem Lebensende verzweifelt, weil er auch Pflanzen nicht töten und essen wollte. Ein totales Ausscheiden aus der Nahrungskette der Geschöpfe ist jedenfalls nicht möglich – weder im Blick auf das Essen von unseren Mitgeschöpfen noch im Blick auf das Gegessenwerden durch sie.

Schon die erste Schöpfungsgeschichte macht einen Kompromiss, indem sie die Pflanzen prinzipiell zur Nahrung der anderen Geschöpfe deklariert. Wir müssen mit Kompromissen leben, und also geht es ohne Grenzüberschreitung zu anderen Lebewesen nicht ab. Wo wir einen Blickkontakt zu den Tieren haben können, wird kein Weg daran vorbeiführen, dass wir diese Grenzüberschreitung als Schuld erleben. Vergebung der Sünden muss diese Schuld mit einschließen, die wir Tieren gegenüber willentlich und unwillentlich auf uns nehmen. Wir können sie Gott und den Tieren gegenüber äußern. Vergeben können wir sie uns gegenseitig in Gottes Namen und im Vertrauen auf sein Mitleiden mit uns. Ohne diese Dimension ist Vergebung auch nicht viel mehr als das Beharren auf einem anthropozentrischen Privileg.

Zum Schluss gebe ich noch eine Anregung zum Umgang mit Haustieren und solchen Tieren, die uns nahegekommen sind. Segnungen von Tieren sind genauso sinnvoll wie Segnungen von Menschen. Durch die Handlung (eben durch Handauflegen) wenden sie die Liebe Gottes einem konkreten Geschöpf so zu, dass es durch die Berührung auch eine Möglichkeit hat, etwas von dieser Nähe zu spüren. Eine Beerdigungsliturgie für Tiere habe ich vorgelegt[33] und freue mich, dass und wie intensiv sie angenommen wird. Es war ja auch lieblos, Menschen, die mit Tieren gelebt haben, nach dem Tod der Tiere allein zu lassen, ihre Trauer nicht ernst zu nehmen und die Tiere nicht tierwürdig zu verabschieden. Ich bin auch schon dabei gewesen, als ein schwerkrankes, leidendes Pferd »eingeschläfert« worden ist, und habe es vorher ausgesegnet. Ich bin sicher, dass solche Nähe den Tieren etwas von der Ehr-

---

[33] In meinen Büchern »Notwendige Abschiede«, Gütersloh 4. Aufl. 2008, S. 263-265, und »Lebensgaben Gottes feiern«, S. 191-194.

furcht vor ihnen zu vermitteln vermag. Was noch fehlt, ist eine Liturgie zur Ankunft von Tieren in einer Familie, einem Haushalt, einem Reitstall etc. Man kann diese Ankunft sehr wohl mit einer Namensgebung und einer Segnung verbinden. Eine solche Liturgie kann auf die neue Gemeinschaft vorbereiten und zugleich klarmachen, das uns die Tiere nur nach dem Gesetz wirklich gehören.

Und was für eine Gottesvorstellung haben Sie?

Ein Gespräch mit Wolfgang Noack[34]

Wolfgang Noack: Von »Notwendigen Abschieden« sprechen Sie in Ihrem Buch, das 2004 erschienen ist. Warum muss sich das Christentum von einigen Glaubensvorstellungen verabschieden?

Klaus-Peter Jörns: Glaubensvorstellungen sind gewachsene Vorstellungen. Sie entwickeln sich in den jeweiligen kulturellen und biographischen Rahmenbedingungen, in denen Menschen leben. So beeinflussten zum Beispiel die Herrschaftsstrukturen der Antike die Gottesvorstellungen der damaligen Menschen und prägten das Denken der Menschen im Blick auf die Beziehung von Gott und Menschen. Die Rede von Jesus Christus als dem »Herrn« (griech. *kyrios*) kommt daher. Die ägyptische Vorstellung, dass der Pharao der adoptierte »Sohn Gottes« sei und Mittler zwischen Göttern und Menschen, hat ebenfalls auf die christliche Theologie eingewirkt.

Glaubensvorstellungen entstehen also nicht im luftleeren Raum?

Nein. Sie entstehen aus dem engen Verhältnis, in dem Kulturen und Religionen sich entwickeln, und orientieren sich an den Sozialstrukturen. Wenn Religionen die Grenzen der Kultur überschreiten, in der sie entstanden sind, verändern sich auch die Vorstellungen davon, wie das Verhältnis von Gott, Menschen, Tieren und übriger Welt zu denken ist. Da wir nicht mehr in einer jüdisch-hellenistischen Kultur leben wie die Verfasser des Neuen Testaments, sondern

---

[34] Neu bearbeitete Fassung eines Interviews in: »das baugerüst«, H.4/2006: Gottesbilder, S. 64-70.

in der gegenwärtigen, hat sich auch unser Gottes-, Menschen- und Weltbild gegenüber dem damaligen in vielem verändert.

Welche kulturellen Veränderungen haben denn zuerst zu einer Dekonstruktion und dann zu einer Neukonstruktion von Glaubensvorstellungen geführt?

Zum Beispiel das im 20. Jahrhundert veränderte Selbstverständnis von Frauen. Zumindest im protestantischen Bereich des Christentums hat es sich gegen die Position durchgesetzt, wie Paulus sie im 1. Korintherbrief 14,33b-35 vertreten hatte. Sie wollten nicht mehr hinnehmen, dass es »schimpflich für eine Frau ist, in einer Gemeindeversammlung zu reden.« Sie wollten nicht mehr schweigen müssen, wenn es um Gott, Gotteserfahrungen und Glauben geht. Frauen werden heute in evangelischen Kirchen ordiniert und können Pfarrerinnen werden – in der orthodoxen und in der katholischen Kirche allerdings immer noch nicht. Aber auch die Einsicht, dass der Mensch (hebräisch: *adam* = »Erdling«) sterblich geschaffen wurde wie alle anderen Geschöpfe auch und wie die Erde selbst, muss Konsequenzen für unser System von Glaubensvorstellungen haben. Konkret: Unsere Sterblichkeit ist nicht »der Sünde Sold«, wie Paulus es sich vorgestellt hat *(Römerbrief 6,23)*. In der Sündenfallgeschichte wird nämlich nicht gesagt, dass der Mensch *sterblich* werde, wenn er von dem Baum des Lebens isst, sondern dass auf Ungehorsam gegen Gottes Gebote die Todesstrafe steht – und die setzt den Tod schon als bekannt voraus. Alle Geschöpfe sind sterblich geschaffen. Der Gedanke, die Sterblichkeit des Menschen auf menschlichen Ungehorsam gegen die Tora zurückzuführen, ist erst sehr spät in das Alte Testament hineingekommen und wird heute auch von jüdischen Theologen kaum noch vertreten. Dieser Gedanke hat im

Übrigen verheerende Folgen gehabt: Der Tod wurde dadurch kriminalisiert, ja, ausdrücklich als des Menschen »Feind« angesehen *(1. Korintherbrief 15,26)* und immer weiter aus dem Leben herausgedrängt. Weil der Tod nicht als geschöpflich angesehen worden ist, ist der Tod in gewisser Weise sogar ein eigener Gott geworden. Von vielen Menschen wird der Tod häufiger als »Erlöser« und »Erlösung« bezeichnet als etwa Jesus Christus. Ich glaube, wir müssen den Tod als Tor in eine andere Lebensgestalt verstehen. Das ist ein Thema, das kulturell von größter Bedeutung ist, weil die Diskriminierung des Todes auch die Verdrängung des Todes und ihre Folgen für die Medizin verursacht hat.

Alle Religionen haben etwas von Gott wahrgenommen, so lautet eine Ihrer Thesen. Sie stellen den Anspruch des Christentums in Frage, die einzig wahre Religion zu sein. Hat keine Religion die Wahrheit?

Nein. Denn Gott allein *ist* die Wahrheit. Alle, die etwas von Gott und dem Leben erfahren, erfahren sie perspektivisch gebrochen. So wie wir vom Leben nur unsere menschliche Perspektive kennen und nicht wissen, wie eine Schildkröte das Leben erlebt, so müssen wir Menschen uns auch klar darüber sein, dass unsere Perspektive auf das Leben eine ausschnitthafte, bruchstückhafte ist. Ebenso ist es mit den Religionen. Wenn es wirklich nur *einen* Gott gibt, wie wir glauben, dann müssen wir auch in allen Bereichen des Glaubens von der Einheit und der Einzigkeit Gottes ausgehen. Auf einem anderen Blatt steht, was Menschen in unterschiedlichen Kulturen und Epochen von Gott wahrgenommen haben und wahrnehmen – also die *Wahrnehmungsgestalten* Gottes, die die Menschen von ihm gewonnen haben. Wir leben nur mit Wahrnehmungsgestalten von Gott. Das lässt sich auch an einem Beispiel erläutern. Wir haben nebeneinander vier Evangelien im Neuen Testament. Keines davon erhebt den Anspruch, die allein gültige Perspektive auf Jesus zu sein – obwohl die Unterschiede gewaltig sind. Bei den Religionen ist es – im Blick auf die Vorstellungen von Gott – im Prinzip genauso.

Wie gehen wir mit den verschiedenen Perspektiven um?

Kulturell gebunden und differenziert haben wir in der Religionsvielfalt ein großes Spektrum von Wahrnehmungsgestalten Gottes vor uns. Die zu den Religionen gehörenden heiligen Schriften stellen Gedächtnisspuren dar, die von Generation zu Generation weitergegeben und in den ersten Jahrhunderten ihres literarischen Werdens auch theologisch vielfach überarbeitet worden sind. Unsere Aufgabe ist es nicht, die eigene Gedächtnisspur absolut zu setzen. Wir müssen vielmehr das religiöse Gedächtnis der Menschheit sichten und die kontroversen Vorstellungen, die dabei überliefert worden sind, mit einem externen Kriterium befragen. Ich schlage vor, das Kriterium der Lebensdienlichkeit zu wählen. Wir müssen fragen, welche Glaubensvorstellungen haben sich in der Geschichte als lebensdienlich und welche als lebensfeindlich erwiesen – und zwar unabhängig davon, wie sie ursprünglich einmal entstanden und gemeint gewesen sind. Als gefährlich haben sich von diesem Kriterium her die Erwählungsvorstellungen erwiesen, denn sie haben Unfrieden gesät und Gott an bestimmte Gruppen gebunden. Darum ist es wichtig, dass wir auch unsere eigenen Überlieferungen darauf hin kritisch sichten, was sich in ihnen als lebensdienlich erwiesen hat und was nicht. Beantworten können wir diese Frage, indem wir die den heiligen Schriften folgenden Zeiträume in den von ihnen beeinflussten Kulturen als »Auslegungsgeschichte« der heiligen Schriften ansehen.

Glauben Sie, dass der blutrünstige Gott Schiwa und der liebende Gott der Christen die gleichen Wurzeln haben?

Auch Schiwa hat eine helle Seite, so, wie der biblische Gott Jahwe häufig als Kriegsgott und Rächer auftritt und dunkle Züge trägt. Das hängt mit den bereits erwähnten Herrschaftsstrukturen und damit zusammen, dass Kriege zwischen Völkern als Kriege zwischen ihren Göttern verstanden worden sind. Außerdem wurden Glück und Unglück der Menschen gerne nach dem Prinzip von Ursache und Wirkung als direkt wirksame Antwort Gottes auf menschliches Wohl- oder Fehlverhalten verstanden. Dieses Prinzip blieb so lange unangefochten, bis Zweifel aufkamen, ob bei der Verteilung von Glück und Unglück immer die Richtigen getroffen werden *(vgl. Psalm 73 und das Buch Hiob)*. Dass es aber letztlich *einer* ist, den alle, wenn auch von unterschiedlichen Interessen her, wahrgenommen oder in ihren Lebensnöten angerufen haben, davon meine ich ausgehen zu müssen. Wo sollte ein anderer Gott denn herkommen? Wenn wir wirklich konsequent dabei bleiben, dass es nur *einen* Gott gibt, dann können Menschen auch nicht irgendeinen anderen wahrgenommen haben, den es dann ja gar nicht geben kann.

Wie können die verschiedenen Religionen damit umgehen?

Es gilt Wege zu suchen, wie wir die Dinge, die bislang als gegensätzlich gelten, durch das Betreten eines neuen Plateaus und das Gewinnen einer neuen Perspektive – wenn ich es einmal so ausdrücken darf – überwinden können. Ich glaube, man begreift, dass es Zeit ist für eine neue Form der Kooperation, und dass Religionen sich nicht aus der Geschichte verabschieden können, indem sie weiterhin ihre eigenen Vorstellungen absolut setzen. Sie müssen sehen, was durch ihre Glaubensvorstellungen in der Geschichte angerichtet worden ist – vor allem durch die Verbindung von Gott und Gewalt. Wenn letztlich alle mit demselben Gott zu tun haben, müssen sich auch alle vor demselben Gott verantworten. Und sie müssen erkennen, dass ihre heiligen Schriften jeweils ausgesprochen unheilige Seiten haben. Das angesprochene höhere Plateau wäre dann die Ebene, auf der darüber gesprochen werden kann, dass auch die scheinbar auf ewig feststehenden Werteunterschiede der Religionen und Kulturen einander angenähert werden müssen. Denn nur dann kann es wirklich gemeinsames Handeln zum Wohl der Schöpfung geben.

Können Religionen von der jeweils anderen Gottesperspektive lernen oder profitieren?

Wir könnten zu Veränderungen kommen, wenn wir das gemeinsame Erbe der Religionen mit dem Glauben an die Einheit und Einzigkeit Gottes verbinden, und wenn wir Schritt für Schritt weitergehen in dem Bemühen, zu klären, was Lebensdienlichkeit religions- und kulturübergreifend für bestimmte Bereiche des Lebens konkret heißt. Es hätte weitreichende Konsequenzen, wenn die Religionen gemeinsam ihre Verantwortung für den Frieden wahrnehmen und sagen würden, was Frieden mit den Menschenrechten zu tun hat und wie und wo er in der Überwindung körperlicher und seelischer Leiden erreicht werden muss. Die Seligpreisungen der Bergpredigt sind für mich ein Modell, das sagt, um welche Dimensionen es dabei geht *(Matthäus 5,3-10)*. Wäre dies der Leitfaden, würde das Ansehen der Religionen in der Welt enorm steigen. Ich glaube, Papst Johannes Paul II war mit dem Friedensgebet von Assisi auf dem richtigen Weg. Und alle Religionen sind auf dem richtigen Weg, wenn sie sich dagegen wehren, dass die Sozial-, Kultur- und Bildungspolitik überall den Macht- und Wirtschaftsinteressen untergeordnet wird.

Menschen schauen aus unterschiedlichen Perspektiven auf Gott. Gibt es dann auch heilende und zerstörende oder krankmachende Perspektiven bzw. Gottesbilder?

Denken Sie an Gottesbilder, die aufgrund bestimmter Herrschaftsstrukturen gedacht sind. Das Gefährlichste, was in der Religionsgeschichte entwickelt worden ist, ist für mich die Idee, dass bestimmte Gruppen und Völker von Gott erwählt oder verworfen seien. Dabei wird Gott vereinnahmt für eine bestimmte Gruppe, für ein bestimmtes Volk, für eine bestimmte Denkart, und Gott wird nicht wirklich als ein liebevolles Gegenüber für alle Menschen, ja, für alle Geschöpfe gedacht. Denn schon der Anthropozentrismus der Religionen, die den Menschen im Mittelpunkt des Lebens sehen, ist – vom Lebensinteresse und -recht der Tiere und Pflanzen her – eine höchst problematische Erbschaft vieler Religionen, zu denen die Juden und Christen gehören.

Auch alles, was geeignet ist, das Selbstgefühl der Menschen zu deformieren und deprimieren, halte ich für gefährlich. Dazu zählt auch die von *Jan Assmann* so genannte »Sündekultur«, bei der die Sünde letztendlich das ganze Denken der Menschen bestimmt und sie nicht das Gefühl haben können: So wie wir sind, sind wir auch von Gott gut gelitten. Denn eine Sündekultur zeichnet sich dadurch aus, dass göttliche Gebote nicht als Hilfen zum Leben verstanden werden, sondern als Maß, mit dem Wert und Unwert und letztlich auch das Lebensrecht der Menschen gemessen werden. Dabei wird die Gottesbeziehung der Menschen durch Gehorsamsforderungen bestimmt und nicht durch das Vertrauen darauf, dass Gott sich als derjenige versteht, der uns zum Leben helfen, ja, dienen will, wie es Jesus gesehen hat *(Markus 10,45)*. Die Folge ist ein negatives Selbstwertgefühl, durch das Menschen mit anderen nicht partnerschaftlich umgehen können.

Wir müssen lernen, dass Scheitern zum Leben hinzugehört, dass die Begrenztheiten unserer Existenz zum Leben hinzugehören und dass alles Jagen nach Ganzheits- und Vollständigkeitskonzepten zu dem Suchen nach der Totale gehört, die in meinen Augen der wahre Feind des Lebens ist. Gerade weil wir in begrenzten und labilen Strukturen leben, ist die Verantwortung dafür, wie wir leben, auch unsere Sache und darum an das Menschenmögliche gebunden. Nicht nur unsere Erkenntnis bleibt lebenslang bruchstückhaft *(1. Korintherbrief 13,12)*, sondern auch unser Vermögen zum Guten. Das aber ist nicht wegen der Sünde so, sondern weil wir nicht fertig und nicht perfekt funktionierend geboren werden, sondern mit der Geburt in einen lebenslangen Entwicklungsprozess hineinkommen, in dem wir den unterschiedlichsten Einflüssen ausgesetzt sind und zum Beispiel durch Versuch und Irrtum lernen müssen, was dem Leben dient und was nicht. Diese Unfertigkeit ist aber keinesfalls nur ein bedauernswertes Phänomen, sondern auch der Grund dafür, dass wir offen für andere Menschen und Ideen sind, ja, andere Menschen brauchen. Wenn wir akzeptieren, dass wir begrenzt und unvollkommen sind, können wir auch Einsichten entwickeln, wie wir in einer lebensdienlichen Weise miteinander umgehen können.

Nur ein Zehntel der Deutschen glauben nach einer Untersuchung an die Dreieinigkeit von Vater, Sohn und Heiligem Geist. Viel häufiger sehen die Menschen Gott als eine Art Schutzengel, der ihnen liebevoll zugewandt ist. Ist damit das Gottesbild hinreichend beschrieben?

Theologisch ist das natürlich nicht hinreichend. Aber wenn Sie einmal davon ausgehen, dass die allermeisten Menschen das Leben als schwer empfinden, als sehr schwer, manchmal sogar als schwerer, denn ihre Kräfte sind, dann hat es durchaus Sinn, zu glauben: Gott ist auf meiner Seite, Gott begleitet mich. Jugendliche haben in einer Studie[35] auf die Frage: Was verbindet ihr mit Gott? an erster Stelle geantwortet: *Natur.* Sie verstehen Gott also zuerst als *Schöpfer.* An zweiter Stelle folgte: *Geborgenheit,* und dann: *Sündenvergebung.* Geborgenheit und Sündenvergebung sind beides liebevolle Zuwendungen, die bedingungslos sind, wo vorweg nicht irgendetwas abgeleistet werden muss. Darauf kann ich mich wirklich einlassen und verlassen. Denn das heißt: Bei Gott bin ich geborgen, auch wenn ich etwas falsch gemacht habe. Und das bedeutet: Ich darf weiter Erfahrungen machen, auch wenn ich wieder scheitern werde.

Ist das dann ein »Kuschelgott«, den ich in die Tasche stecken kann?

Nein. Wer den unbedingt liebenden Gott als »Kuschelgott« diskriminiert, hat nicht verstanden, dass das Leben für die meisten Menschen wirklich schwer ist. Wer so redet, braucht dringend Nachhilfeunterricht zum Beispiel durch eine Mitarbeit in der Telefonseelsorge oder durch das Studium von Biographien von Menschen, die sich umgebracht oder mehrere Suizidversuche hinter sich haben. An Suizid sterben hierzulande pro Jahr inzwischen fast dreimal so viele Menschen wie im Straßenverkehr. Leben ist für ganz viele Menschen unerträglich schwer. Sie werden nicht fertig damit, dass sie keine Geborgenheit finden und weder leben noch sterben können. Sehr viele Menschen werden heute nicht mehr von Konventionen gehalten. Das war ja das große Plus von traditionellen Familienbindungen. Die-

---

[35] K.-P. Jörns, Die neuen Gesichter Gottes. Was die Menschen heute wirklich glauben, München 2. Aufl. 1999.

se Bindungen fehlen heute vielen, und deshalb sucht ein Teil von ihnen auch durch das paradoxe Mittel der Suizidhandlung nach Geborgenheit beziehungsweise danach, die ihre Seele kränkenden Erfahrungen loszuwerden. Dieses Grundbedürfnis nach Geborgenheit hat *Dietrich Bonhoeffer* in seiner größten Lebensbedrohung thematisiert. Das Lied »Von guten Mächten wunderbar geborgen«, das er seinen Eltern aus dem Gefängnis als Trost geschickt hat, drückt aus, was auch er im Tiefsten gesucht hat. All denen, die die Botschaft Jesu von dem bedingungslos liebenden Gott als Rede von einem »Kuschelgott« verunglimpfen, kann man also auch raten, bei Bonhoeffer in die Lehre zu gehen, wenn sie denn die Lehre bei Jesus verwerfen.

Ist das Leben schwer geworden, weil die Menschen aus der Tradition herausgefallen sind?

Orientierung für sein Leben zu finden, wird heute jedem und jeder Einzelnen in vielem selbst zugemutet, und so wird das Leben eher als früher auch zu einer Last. Das Schwere des Lebens hat viel damit zu tun, dass Menschen den Sinn selber suchen oder gar meinen, erzeugen zu können und deshalb auch erzeugen zu müssen. Das sollten wir uns eingestehen und nicht immer stärker sein wollen, als wir sind.

1992 sind wir in der schon angesprochenen Untersuchung in West- und Ost-Berlin einmal der Frage nachgegangen, ob und wie der Glaube an Gott und das Zutrauen zu Menschen korrelieren. Wir fanden heraus, dass beide »Einstellungen« ganz nahe beieinander anzutreffen sind: Wer an Gott glaubt, traut Menschen eher als jemand, der nicht an Gott glaubt. Wie wollen sie aber leben, die jungen Menschen, wenn sie zu niemandem ein wirkliches Vertrauen haben – weder zu Gott noch zu Menschen? Es ist die Hölle, wenn man sich in einer Welt bewegt, in der man weder Gott noch Schutzengel hat, aber auch keinen Menschen, den man als persönlichen »Engel« empfinden könnte, weil man ihm trauen kann.

Was machen wir mit Vorstellungen, die sich über Jahrhunderte hinweg auch in Glaubensbekenntnissen manifestiert haben? Lassen wir die als historisches Relikt irgendwo im Hintergrund stehen? Oder kann man trotz der Herausforderung, neue Gottesbilder zu formulieren, zu diesen Traditionen stehen?

Viele sagen ja, diese alten Traditionen dürfen nicht angetastet werden, es komme nur darauf an, sie anders auszulegen. Das habe ich eine Zeitlang auch geglaubt. Aber das sehe ich heute anders. Wenn sich bestimmte Traditionen in der Geschichte nicht als lebensdienlich erwiesen haben, dann hilft es nichts, sie nur anders auszulegen. Ich muss aufhören, sie zu wiederholen. Nehmen wir wieder ein Beispiel: Wenn Sie beim Abendmahl sagen, »Christi Leib für dich gegeben, Christi Blut für dich vergossen«, dann sagen Sie damit: Gott ist ein Gott, der den Tod Jesu in irgendeiner Weise in sein Heilskonzept eingeplant hat. Gott hat also, wo es um das Heil geht, doch bei der Hinrichtung Jesu mitgespielt. Folglich haben Sie wieder einen Rechtfertigungsgrund für alle geliefert, die sagen: Ja, gut, normalerweise sind wir gegen jede Gewaltanwendung. Aber wenn es ums Ganze geht, dann muss eben auch mal Blut fließen können. Dann heiligt also der Zweck das unheilige Mittel. Und das geht eben nicht. Von diesen Vorstellungen, meine ich, müssen wir wegkommen. Das heißt nicht, dass wir jetzt alle alten Traditionen in den Müll schmeißen sollten. Denn ohne sie könnten wir ja die ganze Geschichte nicht mehr verstehen, wie sie sich entwickelt hat. Aber für unser Bekenntnis und für unsere Liturgien müssen wir Formen finden, die Gott nicht mehr mit Gewalt, mit Erwählungsvorstellungen und Gedanken verbinden, dass eine Hinrichtung als Sühne wirkendes Mittel von Gott gemeint und bejaht worden wäre.

Vernachlässigt die Theologie den Lebenszusammenhang der Menschen?

Ja, das glaube ich, aufs Ganze gesehen, obwohl es »die« Theologie zum Glück ja nicht gibt. Vereinfacht kann ich sagen: Alle Theologinnen und Theologen, die das Leiden der Geschöpfe ernst nehmen, vernachlässigen den Lebenszusammenhang nicht. Wo das Leiden aber (fast) nur im Blick auf den angeblich Sühne wirkenden Tod Jesu thematisiert wird, gerät das alltägliche Leben aus dem Blick. Menschen suchen Halt und Trost, und die Beliebtheit der Schutzengel ist dafür ein Zeichen. Aber der Schutzengel ordnet das soziale Leben, die Beziehungen, nicht, in denen das Leben nun einmal gelebt wird. Und das ist das Problem. Wir verkündigen den liebenden Gott, und die Rede vom lieben Gott ist sprichwörtlich geworden. Und das ist gut so. Aber wir haben vergessen, bestimmte Lebensbereiche damit zu verbinden. Die Kirche war immer gut in der *Eucharistia*, also im Gottesdienst, und sie war immer gut in der *Diakonia* bzw. *Caritas*. Aber das dritte Element, die *Koinonia*, die Gemeinschaft, ist immer unterentwickelt geblieben. Anders ausgedrückt: Die Gottesbeziehung konnte man auch ohne die soziale Ebene zu den Mitmenschen und Mitgeschöpfen haben – scheinbar jedenfalls. Gegen diese Privatisierung der Liebe Gottes hat schon das Johannesevangelium protestiert, indem es das Sakrament des Abendmahls bzw. der Eucharistie gestrichen und durch die Fußwaschung ersetzt hat *(Kapitel 13)*. Denn so, wie das Leben Jesu als Ganzes das Beispiel für einen liebevollen Dienst an den Menschen gewesen ist, so sollen die Christen dem Beispiel Jesu folgen und Gottes Liebe nicht für sich allein genießen.

Aber sehen Sie sich die Wirklichkeit vieler Gottesdienst-gemeinden an: Menschen sitzen im Gottesdienst oft stumm als Fremde neben Fremden, obwohl sie sich kennen. Sie wollen etwas für sich, aber nichts mit den anderen ge-meinsam finden. Diese Glaubensveranstaltung bleibt sehr auf den Einzelnen und sein »Heil« bezogen. Geborgenheit ist dabei ein Begriff, der auch ohne den Nachbarn aus-kommt. Da wirkt immer noch nach, dass man früher die vom Priester erteilte Absolution mit Heil gleichgesetzt hat.

Und wie ist das mit der Allmacht Gottes?

In der Theologie, aber auch in den Glaubensvorstellungen der Menschen, haben wir bisher völlig übersehen, dass Gott mit der »Fleischwerdung« in unsere menschlichen Ver-hältnisse hinein die Sterblichkeit der menschlichen Exis-tenz sehr ernst genommen hat. Nicht in dem Sinne, dass er sie aufgehoben hätte, vielmehr so, dass er sie geteilt hat, indem er auf die Seite der sterblichen und leidenden Men-schen getreten ist. Das halte ich für einen ganz wichtigen Teil des Evangeliums.

Das heißt aber: Gott ist nicht der Garant für die Unver-letzlichkeit der Erde und aller Ordnungen. Alles Geschaff-fene, einschließlich der Erde, ist sterblich und verletzlich. Das ist zu akzeptieren, weil Gott sich selber da eingefügt hat. Das bedeutet für mich nicht, dass aus diesem Tod Heil entstanden wäre. Aber durch sein Mit-uns-Leiden und sein Sterben-wie-wir ist die Rede von seiner Liebe zu uns glaubwürdig geworden. Und daraus entsteht auch die Möglichkeit, unsere Endlichkeit zu akzeptieren. Ich könn-te die Endlichkeit nicht akzeptieren, wenn Gott sie uns lediglich zudiktiert hätte, selber aber »draußen vor« geblie-ben wäre. Weil das aber nicht so ist, kann ich sagen, dass die Geschichte Jesu auch den Abschied von der – eher hellenistischen – Vorstellung einer *omnipotestas*, Allmacht,

Gottes vollzogen hat. Um das Sterben Jesu herum gab es keinen Weg für Gott – um seiner Liebe zu uns willen. Insofern ist die unbedingte Liebe Gottes, von der ich genau so gerne rede wie *Eugen Biser*, die leidensfähige Liebe. Und die schloss und schließt alle Wege aus, die dem Selbsterhalt einer Gottesidee »Allmacht« um den Preis dienen würden, die unbedingte Solidarität mit den sterblichen Geschöpfen aufzukündigen. Seine wahre Macht zeigt der mitleidende Gott aber in der Auferstehung, also in der Wandlung des Lebens auf der Rückseite des Sterbens in eine neue, uns unbekannte Gestalt.

Gott ist nicht mehr der Unbeteiligte.

Nein, denn er ist nicht mehr ein ganz und gar außerweltlicher Gott, nicht mehr ein externer Beobachter, sondern ein Gott, der in allem und mit allem ist, aber deshalb auch mit allem und allen mitleidend. Wir sind mit Gott in *einer* Wirklichkeit verbunden.

Am Anfang sprachen Sie über die unterschiedlichen Perspektiven, die Religionen einnehmen, wenn sie auf Gott schauen. Nähern sich diese Vorstellungen langsam einander an? Gibt es irgendwann einmal die eine Perspektive, die alle teilen?

Annähern werden sie sich einander, weil sich die Kulturen gegenseitig weiter durchdringen werden. Aber dass dabei eine Einheitsperspektive in der Wahrnehmung Gottes entsteht, glaube ich nicht. Das wäre auch verhängnisvoll, weil durch eine Zentralperspektive die kulturellen und spirituellen Unterschiede der Menschen negiert würden und verloren gingen. Um der unterschiedlichen spirituellen Bedürfnisse und Charaktere willen möchte ich durchaus eine Wahlmöglichkeit zwischen verschiedenen christlichen

Konfessionen erhalten sehen, aber auch zwischen unterschiedlichen Religionen, denn ich möchte die differenten Gedächtnisspuren Gottes nicht einebnen. Im Grunde geht es allen um die Frage, wie Menschen zum Frieden mit sich und anderen Geschöpfen finden – zum Grund des Lebens. Weiter als bisher kommen wir, wenn Menschen sich erzählen, was sie mit Gott erleben und wohin ihre Lebensreise sie führen soll. Aber man kann Menschen – wenn sie sich freiwillig anvertrauen – auch an die Hand nehmen und Erfahrungen machen lassen, die sie bisher im eigenen Bereich nicht machen konnten.

Mein Wunschbild ist eine interreligiöse Ökumene, die von der Einheit und Einzigkeit Gottes ausgeht und die Vielfalt der Religionen und Perspektiven als Reichtum versteht. Dabei muss übrigens offen bleiben, ob Gott als Person zu verstehen ist oder nicht. Allerdings sind mit einer interreligiösen Ökumene auch ganz neue Aufgaben für die Theologie verbunden. Wie sie bisher versucht hat, die Bibel mit ihren über ein Jahrtausend hin gewachsenen und trotzdem in vielem sehr unterschiedlich, ja, auch gegensätzlich gebliebenen Vorstellungen von Gott, der Erde und ihren Bewohnern zusammenzuhalten, so hat sie in Zukunft die Aufgabe, dies im Blick auf die Summe der heiligen Schriften zu tun, die zu den Religionen gehören. Das wird nicht gehen ohne die historische Kritik, die die Entstehungsgeschichte der heiligen Schriften untersucht und sich zum Beispiel auch mit deren wechselseitigen Abhängigkeiten beschäftigt. Darüber hinaus aber wird es auch nicht ohne eine theologische Kritik dieser Überlieferungen abgehen. Diese theologische Kritik darf dabei natürlich vor der eigenen Haustür nicht haltmachen. Kriterium muss eine Theologie des Lebens sein, die auch die Wirkungsgeschichte der unterschiedlichen heiligen Schriften näher anschaut und fragt, was sich darin als lebensdienlich erwiesen hat und was als eher lebensfeindlich.

Ist es dann in Zukunft noch legitim, für das eigene Gottes-
bild zu werben? Oder anders ausgedrückt: zu missionieren?

Mission wurde früher immer betrieben mit dem Ziel, die
anderen Religionen überflüssig zu machen, ja, hart gesagt:
loszuwerden. Ich glaube, das wollen heute nur noch ganz
wenige Missionare. Alle Religionen müssen sich angesichts
der Welt, wie sie ist, heute fragen, was an ihnen wirklich
lebensdienlich und auch friedensdienlich ist und nicht
nur gut gemeint. Die Geschichte, gerade auch die Sozial-
geschichte, ist für alle Religionen ein wenig angenehmer
Spiegel, wenn man etwa fragt, wie es unter der Herrschaft
ihrer jeweiligen Wertsysteme eigentlich mit den Menschen-
und Tierrechten bestellt gewesen ist. Für eine solch selbst-
kritische Rückschau auf die Religionsgeschichte kann und
mag ich gerne werben. Was aber die unterschiedlichen
Glaubensstrukturen und Wahrnehmungsgestalten Gottes
angeht, so müssen wir einsehen, dass wir aus der Theologie keine Ansprüche mehr ableiten können, die man als
legalistisch bezeichnen muss. Einfacher gesagt: Weil Theologie nach meiner Einsicht nicht mehr den Anspruch erheben kann, die allein seligmachende Wahrheit zu besitzen,
kann sie auch keine Ansprüche mehr erheben, dass alle
Menschen nach Gottes Willen in einer bestimmten Religion
erzogen werden und leben *müssten*. Es gibt kein Muss
mehr, Christ zu sein oder zu werden. Wenn es also keine
legalistische Autorität von Religionen mehr gibt, bleibt nur
ihre spirituelle Autorität übrig. Und das heißt: Entweder
geht von den Menschen, die ihren Glauben leben, etwas
auf andere aus, setzt sich durch und springt über, oder es
geschieht nichts dergleichen. Diese Autorität – und das ist
das schöne – hat kein Interesse daran, Zwang auszuüben.
Jeder Zwang würde die spirituelle Autorität behindern, ja,
zerstören.

Wie würden Sie Ihr eigenes Gottesbild beschreiben?

Ich glaube, dass Gott selbst die Wahrheit ist. Gott ist mit uns in *einer* Wirklichkeit, ist in allem, was lebt. Gott ist Geist und Liebe, die Kraft, die im Werden und Vergehen die Gestalt des Lebens wandelt. Jesus ist die uns zugewandte Seite Gottes. Da hat die menschliche Gestalt des Redens von Gott einen guten Grund bekommen. Aber, das ist nicht genug. Denn zu unseren biblischen Überlieferungen müssen vielerlei Aspekte einer Gottesvorstellung hinzugenommen werden, die wir anderswo finden. Ich denke da vor allem an die Verbindung von Gott und Licht einerseits und Leben und Licht andererseits. Von diesem Ansatz her könnte heute wieder eine Verbindung zwischen Naturwissenschaft und Glauben zustandekommen. Wenn wir Gott mit Licht verbinden, haben wir eine gute Möglichkeit, auch die alten Gegensätze zwischen Physik und Metaphysik hinter uns zu lassen.

Das andere Element, über das wir auf jeden Fall neu nachdenken müssen, ist die östliche Vorstellung von einer Wiedergeburt. Dabei geht es mir nicht um eine bestimmte Ausprägung dieser Vorstellung, sondern um den Gedanken, dass der Tod ein Tor zu neuem Leben und damit zur Transformation ist. Die meisten Christen können heutzutage – das hat unsere Untersuchung von 1992 schon gezeigt – mit Auferstehung wenig anfangen. Denn eine leibliche Auferstehung der Toten, zumal in der Verbindung mit einer Art Himmelfahrt, lässt sich nicht mehr denken. Als wir nach dem Weg in ein anderes Leben gefragt hatten, wurde an erster Stelle *Wiedergeburt* genannt. Und das ist eine Herausforderung an unsere Theologie und unser Denken allgemein. Denn viele fragen sich zu Recht: Was wird denn mit all der Liebe, die geliebt wird in diesem Leben, wenn ein Mensch tot ist und begraben wird? Ist das eine Energie, die auch stirbt und sich verflüchtigt, oder eine, die sich wandelt und im Grunde *bleibt*? »Das Eigentliche des Wirklichen, das uns begegnet, [ist] *Geist...*«, hat Carl Friedrich von Weizsäcker einmal gesagt. Das halte ich für einen Satz, der nicht nur Theologie und Naturwissenschaft, sondern auch christliche und andere Gottesvorstellungen miteinander verbinden könnte. Wenn Gott nämlich Geist und auf personaler Ebene Liebe ist, dann wäre die Brücke über den garstigen Graben gefunden.

Ich glaube, dass es gar nicht mehr so lange dauern wird, bis wir aus unseren dogmatischen Gräben herauskommen und auf anderem Niveau neue Gottesvorstellungen entwickeln werden: solche, die das gemeinsame religiöse Erbe der Menschheit, aber eben auch den kulturellen Wandel ernst nehmen. Denn in zukünftigen Gottesvorstellungen wird sich ausdrücken müssen, dass keine der traditionellen Gottesvorstellungen für sich beanspruchen kann, die einzig gültige zu sein. Auch hier gibt es in den Religionen nur bruchstückhaftes Erkennen und theologische Konstruktionen.

Was stört Sie an der Vorstellung, von Gott erwählt zu sein?

Ein Gespräch mit Samuel Geiser[36]

Samuel Geiser: Sie sagen, Herr Jörns, Christen und ihre Kirchen sollten sich verabschieden von der Vorstellung, von Gott auserwählt zu sein. Was stört Sie daran? Auch Juden und Muslime sehen sich doch als exklusiv von Gott auserwählt?

Klaus-Peter Jörns: Wenn ich es richtig sehe, ist die Vorstellung, von Gott erwählt zu sein, wie viele andere Glaubensmuster auch im Alten Ägypten entwickelt worden und über Israel bzw. unser Altes Testament ins Christentum gekommen. Der Gedanke einer Sonderbeziehung zwischen bestimmten Gottheiten und bestimmten Menschengruppen findet sich religionsgeschichtlich aber auch in anderen Religionen und in den Stadtstaaten der griechischen Antike. Immer geht es um ein Schutzbündnis, bei dem beide (Bundes-)Partner füreinander einstehen und sich gegenseitig exklusive Rechte und Pflichten einräumen. Hatten die einzelnen Stämme oder Völker Krieg mit ihren Nachbarn, zogen die Gottheiten selbstverständlich mit in die Schlachten. Bildlich gesprochen, war der Himmel genauso segmentiert wie die irdischen Territorien. Darin spiegelt sich die Tatsache, dass alle Religionen ursprünglich regional verankert und in die regionale Kultur eingebunden waren. Folglich sind damit immer Vorrechte der Erwählten gegenüber anderen, den Nicht-Erwählten nämlich, verbunden. Und nicht selten gelten die Nicht-Erwählten auch als Verworfene. Deshalb wurde seit ägyptischer Zeit und später

[36] Erweiterte Fassung eines Interviews in: »reformiert«. Evangelisch-reformierte Zeitung für die deutsche und rätoromanische Schweiz, 29.8.2008.

auch in Israel der Ehe- und Liebesbund als geeignete Metapher für ein solches Erwählungsverhältnis benutzt. Erst da, wo eine Religion im Laufe der Zeit einen universalen Horizont in sich aufnimmt, kann es, wie in Israel, zu einer Öffnung hin zu den ursprünglich Nicht-Erwählten kommen, wie die Abraham-Erzählung zeigt – wobei es auch dafür ein ägyptisches Vorbild gibt.

Nun liegt es auf der Hand, dass die Erwählung der einen und die Nicht-Erwählung der übrigen Unfrieden oder gar Hass zwischen einzelnen Menschen und ganzen Menschengruppen erzeugen kann: Die Nicht-Erwählten entwickeln Hass auf diejenigen, die sich als erwählt verstehen, und natürlicherweise kann ein Gott, der sich in einem Liebesbund an ein bestimmtes Volk gebunden hat, den anderen Völkern nicht mehr als gerechter Gott erscheinen. Hinzu kommt, dass die Vorstellung von einer quasi-ehelichen Sonderbeziehung Herrschaftsansprüche der Erwählten zur Folge hat, wie die Christentumsgeschichte zeigt. Aber sie kann auch dazu führen, dass schlimme Leidenszeiten als Folge von Untreue und also als Strafe gedeutet werden – wie es in Israel im Blick auf das babylonische Exil geschehen ist.

Für mich kommt eine solche Glaubensvorstellung nicht mehr infrage, weil sie – gemessen an der Weite der Religionsgeschichte – eine Partialwelt mit einem Partialgott absolut setzt. Denn der geglaubte Status der Erwählung hebt die eine Gruppe, das eine Volk, ja über *alle* anderen empor, die außerhalb dieses einen Bündnisses leben. Im Buch des Propheten Jesaja kann dann als Zukunftsperspektive eine neue Herrlichkeit Zions verheißen werden: Alle Söhne Israels werden sich am Zion sammeln, Jerusalem wird neu erbaut werden. »Und Fremde werden deine Mauern bauen, und ihre Könige werden dir dienen.« *(60,10)* Obwohl alle Erwähltheitsvorstellungen das Selbstgefühl stärken wollen, mangelt es ihnen doch an einer wirklich universalen Weite. Darunter verstehe ich eine Weite, die auch alle anderen Religionen, die vor und neben der eigenen entstanden sind, mit einschließt und Gott nicht an die Durchsetzung der eigenen Interessen binden will. Ich gehe davon aus, dass es wirklich nur *einen* Gott (die Personalität ist eine anthropomorphe Verstehenshilfe für das ganz Andere) gibt, und dass es »ihm« gefallen hat, sich in den unterschiedlichen Religionen und Kulturen auch unterschiedlich wahrnehmen zu lassen. Die Rede von der Liebe Gottes ist für mich nur glaubwürdig, wenn sie alle Wahrnehmungsgestalten Gottes und alle Völker mit einschließt. Erwählungen einzelner Völker oder Religionen machen den Glauben an Gott den Schöpfer zur Farce.

Nebenbei: Im Islam gibt es keine kollektive Erwählungsvorstellung, sondern nur den Glauben an die Erwählung einzelner Menschen.

Warum ist das Verständnis der Hinrichtung Jesu als Sühne-Opfer zur Erlösung der Welt für Sie das problematischste Erbe des Christentums?

Aus zwei Gründen. *Erstens* ist durch die Deutung der Hinrichtung Jesu als Sühnopfer für die ungesühnten Sünden der Menschen *(Römer 3,25 u.ö.)* die Verkündigung Jesu auf den Kopf gestellt worden. Bei Jesus sind die Liebe Gottes und die Vergebung *un*-bedingt, also an keinerlei stellvertretende Sühneleistung gebunden. Sie kommen ganz aus der freien Liebe Gottes. Die Sühnopfervorstellung, die in vielen antiken Kulten beheimatet war, hat aber die Versöhnung zwischen Gott und Welt wieder an den Kreuzestod Jesu gebunden, den sie als ein stellvertretendes Leiden gedeutet hat. Sie hat also das grandios Unbedingte wieder zu etwas Bedingtem, religionsgeschichtlich Gewöhnlichem, gemacht.

Zweitens stabilisiert die Sühnopfervorstellung prinzipiell die alte These, Vergebung sei ohne Blutvergießen nicht möglich *(Hebräer 9,22)*. So konnte es dazu kommen, dass in das Brotbrechen des jüdischen Festmahles der mit dem Blutvergießen einhergehende Bundesgedanke eingewoben wurde – obwohl Jesus das Wort »Bund« nie in den Mund genommen hat und sein Tod nicht durch Blutvergießen herbeigeführt worden ist. Aber gerade durch den Blutritus sind Jesu Tod zur Sühneleistung und das jüdische Mahl zum Opferfestmahl *gemacht* worden – nach hellenistischer Manier. Wobei die Vorstellung, Blut zu trinken, Juden *und* Griechen eigentlich ein Gräuel war.

Vor allem aber: In die Eucharistiefeier ist der Gedanke eingefügt worden, Gott habe Heil durch »heilige« Gewalt geschaffen. Und damit war der Heiligung der Gewalt auch in der Kirche Tor und Tür geöffnet. Eine solche Erbschaft möchte ich nicht mehr mit der Abendmahlsfeier unterstützen. Darum habe ich für das Abendmahl eine Liturgie entwickelt, die an die Ur-Eucharistie anknüpft. Sie ist in der Zwölf-Apostel-Lehre (Ende des 1. Jh.) bezeugt und feiert Wein und Brot ohne Beziehung zu Jesu Sterben als Lebensgaben Gottes.

Ist solcher Mut zur Selbstkritik nicht ein christliches bzw. ein protestantisches Unikum? Sind andere Religionen, namentlich die anderen monotheistischen, auch bereit dazu?

Wir haben immer noch ein sehr distanziertes Verhältnis zu den anderen Religionen, weil lange Zeit selbst im Theologiestudium so gut wie nichts von ihnen gelernt wurde, vom antiken Judentum einmal abgesehen. Bei näherem Hinsehen zeigt sich aber, dass es sowohl im Judentum als auch im Islam gewaltige Umschwünge und theologisch bedingte Parteiungen gegeben hat, die – wie Schiiten, Sunniten und Alewiten im Islam – bis heute nach Art unserer

Konfessionen und Kirchentümer nebeneinander existieren, ja, sich oft auch brutal bekämpfen. Im Judentum gibt es sehr, sehr unterschiedliche Synagogen und Synagogenverbände, die sich keinesfalls alle freundlich gesonnen sind. Und schon im Alten Ägypten hat der Pharao Echnaton eine religiöse Revolution vom Zaun gebrochen, die ihresgleichen wohl erst wieder bei Mose, Buddha, Jesus und Muhamad gefunden und Juden, Christen und Muslimen immerhin den Monotheismus beschert hat.

Betrachten wir die Entwicklungen, die die Religionen in ihren konfessionellen Verzweigungen durchgemacht haben, genauer, stellen wir fest, dass das Sich-Abspalten und -Verzweigen immer mit massiver Kritik am jeweiligen Ist-Zustand der Religionen verbunden gewesen ist. Allerdings ist solche Kritik noch nicht automatisch mit der Bereitschaft zur *Selbst*kritik verbunden. Und das liegt daran, dass Religionen wie Konfessionen auch davon ausgehen, dass das, was *sie* von Gott wahrnehmen und kultisch feiern, entweder mit *der* Wahrheit identisch ist oder ihr aber am ehesten nahe kommt. Selbstkritik kann erst dann wachsen, wenn Religionen begreifen, dass keine von ihnen im Besitz der Wahrheit sein kann, weil Gott allein die Wahrheit ist. Religionen sind und haben – unterschiedliche – Zugänge zur Wahrheit, mehr aber nicht.

Der Soziologe Ulrich Beck sagt: «Jede Religion hat einen totalitären Kern.» Ihre Meinung dazu?

Diese These geht ja eigentlich auf *Jan Assmann* zurück (in seinen Büchern »Herrschaft und Heil« und »Die mosaische Unterscheidung«). Das Totalitäre zieht da in Religionen ein, wo die Partialperspektive der eigenen Religion zur Zentralperspektive erhoben und wo so getan wird, als sei die eigene Theologie gleichzusetzen mit der Position Gottes. Totalitäre Tendenzen zeigen Religionen dann, wenn sie die eigene von der fremden Position im Sinne von Glaube und Unglaube, Wahrheit und Unwahrheit bzw. Lüge unterscheiden und die Negativgebilde bekämpfen. Tragisch daran ist, dass alle, die fehlerlose Gläubige oder Gerechte sein wollen, im Grunde die an sich selbst gehasste Verfehlung der Norm bei den anderen bekämpfen. Noch tragischer ist, dass der Kampf gegen den »Unglauben« den Ethnozentrismus und dessen böse Kinder, zu denen auch der Rassismus gehört, gebären kann. Es gibt nur ein Gegenmittel gegen solche Gefahren: Den nüchternen Blick in die Kriegsgeschichte und in die tiefe Verwicklung der Religionen in sie – in der Hoffnung, dass daraus Demut erwächst. Diese Demut könnte alle Religionen lehren, ihre eigenen Traditionen daraufhin zu befragen, wo sie lebensdienlich und wo sie lebensfeindlich gewirkt haben, und dementsprechend notwendige Abschiede zu vollziehen.

Sie sprechen von der «universalen und ökumenischen Wahrnehmungsgeschichte des Einen Gottes», die alle Religionen umfasse. Sollen die verschiedenen Religionen langfristig zusammenwachsen, damit sie sich ihrer gemeinsamen Wurzeln (wieder) bewusst werden? Träumen Sie von einer Art Universalreligion?

Mit dem Glauben, dass es nur *einen* Gott gibt, hängt die Einsicht zusammen, dass folglich auch keine anderen Götter von den Menschen wahrgenommen werden konnten und können. Was sich religionsgeschichtlich ausdifferenziert hat, ist Ergebnis der intensiven Verbindung von Religionen und Kulturen. Insofern es in der Gegenwart und Zukunft zu einer Abschleifung der Kulturgrenzen kommt, wird es auch zu einer Abtragung vieler Unterschiede zwischen den Religionen kommen. Dadurch wird es möglich sein, die spirituellen Schätze wahrzunehmen, die die jeweils »anderen« bewahren. Damit diese Schätze aber nicht durch einen vermeintlichen Zwang zur Assimilation verloren gehen, träume ich nicht von einem Zusammenwachsen der Religionen, nicht von einer Universalreligion. Ich hoffe aber auf weitergehende gegenseitige Öffnungen und Bereicherungen.

Sie sind nötig, weil die Einsicht wächst, dass der Ort unserer Geburt ja nicht darüber entscheiden kann, ob eine Religion (in die man hineingeboren wird) wahr ist oder nicht. Ich halte es für dringend an der Zeit, die ganzen Wahrheitsansprüche der Religionen zurückzufahren, weil man doch wissen kann, dass keine Religion bei null angefangen hat, sondern alle aus Vorgängerreligionen entstanden sind. Was in ihnen wahr ist, hat mit dem einen und einzigen Gott zu tun, von dem her sie alle einen gemeinsamen Grund haben. Folglich ist es besser, die einzelnen Religionen und Konfessionen nicht mehr mit dem Begriff der Wahrheit, sondern mit dem der Authentizität zu verbinden.

Sollen die Religionen wenigstens damit beginnen, gemeinsam Gottesdienst zu feiern? In interreligiösen Feiern? In Form religionsübergreifender Rituale? Etwa im geplanten «Haus der Religionen» in Bern?

Ihre sich aneinander anschließenden Fragen zeigen mir sehr schön, dass Sie an dieses »Haus der Religionen – Dialog der Kulturen«[37] wie viele andere Menschen auch große Hoffnungen knüpfen, verbunden mit Zweifeln natürlich. Aber wenn Sie solche Hoffnungen an das Zusammenleben und -arbeiten der Religionen unter einem Dach haben, sollten Sie »gemeinsame Gottesdienste« nicht mit dem Zu-

---

[37] Das Interview wurde gedruckt, als im Berner »Haus der Religionen – Dialog der Kulturen« die FêteKultRel stattfand, auf der ich einen Vortrag gehalten habe.

satz »wenigstens« verbinden. Denn bislang ist nichts schwerer zu realisieren als interreligiöse Gottesdienste. Das wird sich erst ändern, wenn man die dogmatischen Grenzziehungen der unterschiedlichen Gottesvorstellungen zu relativieren gelernt haben wird, weil man zuvor den Glauben an die Einheit und Einzigkeit Gottes hat wichtiger werden lassen. Es gibt bekanntlich keinen Gottesnamen, den alle Religionen verwenden, ganz abgesehen von den Problemen, die der Buddhismus mit theistischen Gottesvorstellungen hat.

Wie könnte eine solche interreligiöse Feier aussehen, wenn man die beiden von Ihnen genannten Schritte einmal vollzogen haben wird?

Ich kann diese Frage nur von einer Sehnsucht her beantworten, die durch Reisen gewachsen ist, die ich im Kopf durch die Religionsgeschichte und mit ganzem Körper in fremde Kulturen gemacht habe. Von daher kann ich mir denken, dass das *eine* Dach, unter dem der interreligiöse Gottesdienst geschieht, den Glauben an die Einzigkeit und Einheit Gottes symbolisiert. Und das wäre mir genug, um darunter einen Gottesdienst zu feiern, in den jede Religion gottesdienstliche bzw. kultische Elemente einbringt, die ihr wichtig sind. Dabei dürften Gottesanreden und dergleichen nicht geändert werden. Denn es ginge mir dabei um das Erleben der Vielfalt, die es in ihrer Weite und Tiefe – und wohl auch Anstößigkeit – allererst zu erfahren und auszuhalten gilt. Niemand darf aber versuchen, festlegen zu wollen, was dabei spirituell oder theologisch herauskommt. Wer das will, sollte solche Feiern lassen, weil er Gottes Gottheit, die in sich alle Fülle, Weite und Leere enthält, doch wieder domestizieren wollte.

Und endet das nicht alles in einem profillosen Einerlei?

Das ist eine ängstliche Frage. Im Hintergrund höre ich die
EKD-Devise, die (evangelische) Kirche müsse ihr Profil
schärfen. Es wäre besser, anstatt neue Profilneurosen zu
erzeugen, danach zu fragen, was die Menschen, um die es
ja geht, wirklich glauben und hoffen. Und dabei käme wie
bei anderen Befragungen heraus, dass den meisten die *Beziehung* zu Gott viel wichtiger geworden ist als inhaltliche
Spezifizierungen oder ehedem große, aber blasse (und
vielfach missbrauchte) Begriffe wie Heil. Die Kirchen
müssten endlich wahrnehmen, dass das Leben schwer ist.
Und dass Jesus *darauf* eingegangen ist, als er formuliert
hat, der Sabbat – will sagen: Religion – ist für den Menschen da und nicht der Mensch für den Sabbat. Für die
meisten Menschen geht es im Grunde um eine unverlier-
bare Geborgenheit bei Gott im Leben und im Sterben –
und nicht um die Vermessung Gottes auf Millimeterpapier.

*Kann man mit interreligiösen Feiern die leeren Gotteshäu-
ser wieder füllen? Geht der Trend nicht in eine ganz andere Richtung: Einige deutsche Intellektuelle schwärmen
doch von der reinen lateinischen Messe!*

Vor solcher Art romantisierender Religionswahrnehmung,
wie sie *Martin Mosebach* zum Beispiel zelebriert, graut es
mir genauso wie vor dem Beifall dafür in mancher Zeitung.
Denn damit wird kein einziges der Probleme gelöst, die
uns das jüdisch-christliche Erbe der Bibel und ihre Wirkungsgeschichte beschert haben. Das fängt an bei der
»Sündekultur« (J. Assmann), durch die das Gefühl entstanden ist, es Gott nie recht machen zu können – denn »das
Trachten des menschlichen Herzens ist von Jugend an
böse« (*1. Buch Mose 8,21*). Und diese »Sündekultur« hängt
mit der Verbindung von Glauben und (absolutem)

Gehorsam zusammen, die sich in die gefährliche Gehorsamsethik hinein fortgesetzt hat. Es endet bei der Diskriminierung unserer Sterblichkeit als »der Sünde Sold«, die sich in unserer Kultur als Todesverdrängung auswirkt. Viel lieber als Martin Mosebach und der gegenwärtige Papst, der die unter Johannes XXIII. begonnene wirkliche Rückkehr der katholischen Kirche ins Leben offenbar am liebsten wieder beenden würde, sind mir zum Beispiel die großen Filmemacher wie *Pasolini* (mit seinem 1964 gezeigten Film »Das erste Evangelium Matthäus«) oder *Zeffirelli* (1977: »Jesus von Nazareth«), oder auch *José Saramago*s Buch »Das Evangelium nach Jesus Christus«. *Sie* haben die rückhaltlose Begegnung mit dem gesucht, der uns weit voraus ist auf dem Weg zum Leben. Und sie haben in gewisser Weise dagegen protestiert, dass Jesu *Leben* weder bei Paulus noch im Apostolischen Glaubensbekenntnis vorkommt – weil die Deutung seines Todes als Vorleistung für Sündenvergebung und Erlösung der Kirche bald viel wichtiger war. Dieses Unsichtbarmachen des revolutionären Jesus durch die Kirche ist ein Signal, das mich immer wieder deprimiert, das ich aber – in Übereinstimmung mit *Eugen Biser* – nicht hinnehmen will.

Im Übrigen geht es nicht um volle Kirchen, sondern darum, dass der Glaube dem Leben aller Geschöpfe zu dienen hat. Und das kann und muss er zu allermeist *außerhalb* der Kirchen tun.

Der Autor
Bio- und bibliographische Notiz

Klaus-Peter Jörns, 1939 in Stettin geboren, studierte Evangelische Theologie und Soziologie in Bonn und Göttingen und promovierte 1967 bei Joachim Jeremias im Neuen Testament. Er wurde 1968 Pfarrer der Ev. Kirche im Rheinland, 1978 Professor am Theologischen Seminar der Ev. Kirche in Hessen und Nassau in Herborn und 1981 Professor für Praktische Theologie sowie 1982 Direktor des Instituts für Religionssoziologie und Gemeindeaufbau der Kirchlichen Hochschule Berlin. Von 1993–1999 war er in denselben Funktionen an der Humboldt-Universität zu Berlin tätig. Er ist verheiratet und hat drei Kinder. Seit 1998 ist er Mitglied der Europäischen Akademie der Wissenschaften und Künste.

Wichtige Buchveröffentlichungen u. a.: Nicht leben und nicht sterben können. Suizidgefährdung – Suche nach dem Leben, Göttingen [2]1986; Der Lebensbezug des Gottesdienstes. Studien zu seinem kirchlichen und kulturellen Kontext, München 1988; Krieg auf unseren Straßen. Die Menschenopfer der automobilen Gesellschaft, Gütersloh 1992; Gibt es ein Recht auf Organtransplantation?, Göttingen 1993; Telefonseelsorge – Nachtgesicht der Kirche, Neukirchen [2]1995; Die neuen Gesichter Gottes. Was die Menschen heute wirklich glauben, München 1997, [2]1999; Notwendige Abschiede. Auf dem Weg zu einem glaubwürdigen Christentum, Gütersloh 2004, [4]2008; Lebensgaben Gottes feiern. Abschied vom Sühnopfermahl: eine neue Liturgie, Gütersloh 2007, und: Mehr Leben, bitte! Zwölf Schritte zur Freiheit im Glauben, Gütersloh 2009.

Hinweis: Auf der Homepage unter www.klaus-peter-joerns.de können Live-Mitschnitte von Vorträgen von Klaus-Peter Jörns auf CD bestellt werden.

Lieferbare Radius-Bücher. Eine Auswahl

Martin Bauschke: Abraham und Aschenputtel
  Brückenschlag zwischen Bibel und Märchen
Gerhard Begrich: Gilgamesch. König und Vagant
Begrich/Uhle-Wettler (Hg.): Vergessene Texte 1-4. Assoziationen
  Bd. 1: Mit den fünf Büchern Mose durch das Kirchenjahr
  Bd. 2: Mit den Propheten durch das Kirchenjahr
  Bd. 3: Mit den Psalmen durch das Kirchenjahr
  Bd. 4: Mit den Apokryphen durch das Kirchenjahr
Peter Bichsel: Möchten Sie Mozart gewesen sein?
Helmut Braun: »Ich bin fünftausend Jahre jung«
  Rose Ausländer. Zu ihrer Biographie
Wolfgang Erk (Hg.): Für diesen Tag und für alle Tage Deines Lebens
Wolfgang Erk (Hg.): Literarisches Geburtstagsbuch
  Für heute und morgen. Immerwährender Kalender
Wolfgang Erk (Hg.): Viele gute Wünsche. Literarische Annäherungen
Richard Exner: Ufer. Gedichte 1996 - 2003
Marcell Feldberg (Hg.): Tod und Abschied
  Texte zur Trauer und darüber hinaus
Helmut Franz: Diaspora. Eine Streitschrift
  gegen das Bündnis von Macht und Religion
Traugott Giesen: Gott weiß. Zwölf Anregungen für Lebensmut
Traugott Giesen: Hiersein ist herrlich
Traugott Giesen: Macht hoch die Tür. Predigten und Kolumnen
  für die Weihnachtszeit
Traugott Giesen: Tage - Jahre - Leben. Neue Kolumnen
Hannah Green: Ich hab dir nie ein Rosengarten versprochen
Johannes Hamel: Echt und aus Vollmacht
Peter Härtling: Fenstergedichte
Peter Härtling: Meine 75 Gedichte und zehn neue
Peter Härtling: Schattenwürfe. Gedichte 2005
Gisela und Ulrich Häussermann (Hg.): Frauengedichte der Welt
Johannes Hempel: Evangelisches Christsein
  Kernpunkte – Erläuterungen – Impulse
Klaus-Peter Hertzsch: Chancen des Alters. Sieben Thesen
Klaus-Peter Hertzsch: Der ganze Fisch war voll Gesang
Klaus-Peter Hertzsch: Laß uns vorwärts in die Weite sehn
  Texte zu meiner Biographie
Klaus-Peter Hertzsch: Sag meinen Kindern,
  dass sie weiterziehn. Erinnerungen
Reinhard Höppner: Wandern über das Wasser
  Begegnungen zwischen Bibel und Politik
Walter Jens: Das A und das O. Die Offenbarung
Walter Jens: Der Römerbrief
Walter Jens: Die vier Evangelien

Walter Jens: Pathos und Präzision. Texte zur Theologie
Walter Jens: Der Teufel lebt nicht mehr, mein Herr!
   Erdachte Monologe - Imaginäre Gespräche
Jochen Jung: Allerleirauh und allerlei Zartes
Eberhard Jüngel: Anfänger
   Herkunft und Zukunft christlicher Existenz
Eberhard Jüngel: Beziehungsreich. Perspektiven des Glaubens
Eberhard Jüngel: Erfahrungen mit der Erfahrung
Eberhard Jüngel: ...ein gesprochen Wort... Predigten 1
Eberhard Jüngel: Geistesgegenwart. Predigten 2
Eberhard Jüngel: Schmecken und Sehen. Predigten 3
Eberhard Jüngel: Unterbrechungen. Predigten 4
Eberhard Jüngel: ...ein bißchen meschugge... Predigten 5
Eberhard Jüngel: Zum Staunen geboren. Predigten 6
Eberhard Jüngel: Unterwegs im Kirchenjahr
Otto Kaiser: Das Buch Hiob. Übersetzt und eingeleitet
Otto Kaiser: Kohelet. Das Buch des Predigers Salomo
Otto Kaiser: Weisheit für das Leben. Das Buch Jesus Sirach
Otto Kaiser: Weihnachten im Osterlicht
Rudolf Kautzky: Euthanasie und Gottesfrage
   Medizinethische Texte und theologische Provokationen
Werner Krusche: Ich werde nie mehr Geige spielen können
   Erinnerungen
Reiner Kunze: Die Aura der Wörter. Denkschrift
   zur Rechtschreibreform. Mit einer Zwischenbilanz
Reiner Kunze: Bleibt nur die eigne Stirn. Ausgewählte Reden
Matthias Loerbroks (Hg): Ein Jahr mit Paul Gerhardt
   30 Lied-Predigten
Gerd Lüdemann: Das Judas-Evangelium und das Evangelium
   nach Maria
Gerd Lüdemann / Martina Janßen: Bibel der Häretiker
   Nag Hammadi
Henning Luther: Frech achtet die Liebe das Kleine
   Spätmoderne Predigten
Henning Luther: Religion und Alltag
   Bausteine zu einer Praktischen Theologie
Kurt Marti: DU. Rühmungen
Kurt Marti: Fromme Geschichten
Kurt Marti: geduld und revolte. die gedichte am rand
Kurt Marti: Die gesellige Gottheit. Ein Diskurs
Kurt Marti: gott gerneklein. gedichte
Kurt Marti: Gott im Diesseits. Versuche zu verstehen
Kurt Marti: Prediger Salomo. Weisheit inmitten der Globalisierung
Kurt Marti: Die Psalmen. Annäherungen
Kurt Marti: Schöpfungsglaube. Die Ökologie Gottes
Kurt Marti: Ungrund Liebe. Wünsche - Klagen - Lieder

Gerhard Marcel Martin: Das Thomas-Evangelium
Gerhard Marcel Martin: Was es heißt: Theologie treiben
Eberhard Müller: Architektur der Gerechtigkeit. Ein Wirtschaftskonzept
Eberhard Müller: Rehabilitation der Sünde. Neue Perspektiven
     im Schnittfeld von Quantentheorie und Schöpfungstheologie
Gottfried Orth: Wie im Himmel so auf Erden
     Das Vater unser heute beten und verstehen
Ingeborg Ronecker: JerusalemJahre. Von Intifada zu Intifada
Ingeborg und Karl-Heinz Ronecker: Liebenswertes Jerusalem
     Erfahrungen jenseits von Haß und Gewalt
Martin Scharpe (Hg.): Heilige Nacht. Heiliger Tag
     Die 100 schönsten Weihnachtsgedichte und -geschichten
Martin Scharpe (Hg.): Erdichtet und erzählt I und II
     Das Alte / Das Neue Testament in der Literatur
Martin Scharpe (Hg): Das Nashorn geht spazieren
     Eine lyrische Tierkunde
Henning Scherf: Gast bei fremden Freunden. Eine Weltreise à la Scherf
Wieland Schmied: Bilder zur Bibel
     Maler aus sieben Jahrhunderten erzählen das Leben Jesu
Wieland Schmied: Von der Schöpfung zur Apokalypse
     Bilder zum Alten Testament und zur Offenbarung
Wieland Schmied: Wohin geht die Reise der Kunst? Essays
Friedrich Schorlemmer: Den Frieden riskieren
     Sätze und Grundsätze, Pamphlete und Predigten
Friedrich Schorlemmer: Die Weite des Denkens und die Nähe
     zu den Verlorenen. Einlassungen auf Texte des Evangelisten Lukas
Olaf Schumann: Zentrale Texte des Glaubens
Rudolf Smend: Wohltuendes Durcheinander. Biblische Predigten
Fulbert Steffensky: Schöne Aussichten. Einlassungen auf biblische Texte
Fulbert Steffensky: Schwarzbrot-Spiritualität
Fulbert Steffensky: Mut zur Endlichkeit
     Sterben in einer Gesellschaft der Sieger
Fulbert Steffensky: Wo der Glaube wohnen kann
Angelika Stein: Auf der Suche nach Jacques. Erzählung
Holger Tiedemann: Paulus und das Begehren
Iwan S. Turgenjew: Mumu. Erzählung
Rosemarie Wagner-Gehlhaar (Hg.): Was glauben Sie?
     60 Prominente antworten
Hanna Wolff: Jesus als Psychotherapeut
Hanna Wolff: Jesus der Mann
     Die Gestalt Jesu in tiefenpsychologischer Sicht
Eva Zeller: Das unverschämte Glück. Neue Gedichte

Radius-Verlag · Alexanderstraße 162 · 70180 Stuttgart
Fon 0711.607 66 66   Fax 0711.607 55 55
www.Radius-Verlag.de   e-Mail: info@radius-verlag.de